HERMITAGE ROUGE MURE
A TAIN (DRÔME)
HERMITAGE BLANC
A TAIN DRÔME

MICHAEL BROADBENT

MEINE LIEBLINGSWEINE

The man who bid in guineas at Christie's!
Christie's gave up holding sales in guineas and conducted them in £s in January 1976
Christies 1824 to 1893

INHALT

VORWORT

Dies ist ein sehr persönliches Buch. Ich schreibe es als Wein-*Liebhaber*, und nicht als Fachmann – obwohl ich professionell mit Wein zu tun habe – und gewiss nicht als Önologe, der ich nie und nimmer bin. Ich verstehe mich hier im weitesten Sinne als Amateur, in der französischen Bedeutung des Wortes.

Meine Frau und ich trinken regelmäßig zu jeder Mahlzeit Wein, außer zum Frühstück – und auch da genießen wir dann und wann ein Gläschen; »Mimosa« heißt das erfrischende Getränk in Amerika, die Engländer nennen es »Buck's Fizz«: frisch gepresster Orangensaft mit Champagner, ein köstlicher Start in den jungen Tag. Am späteren Morgen und am Nachmittag biete ich Gästen bei Christie's ein Glas Wein an, einen halbsüßen Sherry Amoroso oder, noch lieber, einen Madeira, auf den man sich immer verlassen kann, meist einen Verdelho. Wenn wir an Wochenenden in unserem Landhaus sind, pflege ich eine anständige Vormittagsflasche zu öffnen, für gewöhnlich vom Rhein oder von der Mosel, eine Spätlese oder Auslese eines guten Erzeugers, manchmal auch einen halbtrockenen Loire-Wein, der in den Sommermonaten besonders erfrischend ist. Ich nehme an Verkaufsdegustationen teil und leite »geführte« Verkostungen im Rahmen der regelmäßigen Weinkurse bei Christie's. Und schließlich reisen meine Frau und ich viel, hauptsächlich in Weinregionen. Wir und Sie, liebe reisende Weinfreunde, haben dabei das Glück, dass die meisten Weinbaugebiete der Welt interessante und schöne Gegenden sind und von durchaus zivilisierten und gastfreundlichen Menschen bewohnt werden.

Und doch ist dieses Buch beileibe nicht von einem Alkoholiker geschrieben! Wie meine Mitmenschen bezeugen können, neige ich weder zu Übergewicht noch leide ich an irgendeinem Zipperlein, obwohl ich als Vertreter des hervorragenden Portwein-Jahrgangs 1927 gerade einen runden Geburtstag feiern konnte. Allerdings muss ich zugeben, dass mein Namensgedächtnis nicht allzu gut ist – was es aber noch nie war.

Im Ernst, von zwei Dingen bin ich fest überzeugt: Erstens, dass maßvoller Weingenuss gut für die Gesundheit ist, und zweitens, dass stete Tätigkeit und geistiges Interesse am besten vor Altersblödheit schützen.

Der Falken Verlag bat mich, dieses Buch zur Feier seines 75. Geburtstages zu schreiben, und meine Freunde bei der internationalen Weinzeitschrift Vinum haben mich mit ihren Anregungen unterstützt und mir ihr Bildarchiv zur Verfügung gestellt. Ich stütze mich ganz auf meine eigenen Erfahrungen, sowohl ganz frische wie auch länger zurückliegende, erzähle von meinen Vorlieben und Abneigungen – hauptsächlich ersteren, in der Hoffnung, dass ich so die Leserinnen und Leser ermutigen kann, ihren Weinhorizont zu erweitern, Vertrautes in neuem Licht zu sehen und sich auf Unbekanntes einzulassen.

Eine letzte Anmerkung: Wenn ich den Schwerpunkt auf die großen und guten Weine der »klassischen« Weinbaugebiete lege, dann nicht etwa, weil ich ein Weinsnob wäre; aber der Großteil der glücklicherweise durchaus trinkbaren preisgünstigen Weine auf dem Markt sind dafür gemacht, »nachmittags gekauft und abends getrunken« zu werden, und nicht, damit man groß über sie redet oder schreibt: Sie brauchen nicht gelagert zu werden und haben keine große »Aussage«. Feinere Weine mit mehr Charakter hingegen gewinnen dank Lagerung an Reife und sind es wert, dass man über sie redet. Die guten Weine, über die ich schreibe, setzen die Maßstäbe, an denen sich die einfacheren orientieren.

Wein ist mein Leben, aber ich weiß, dass dies nicht unbedingt auch für Sie gelten muss, also genug der eitlen Eröffnungsworte. Begleiten Sie mich auf der Reise zu meinen Lieblingsweinen.

London, im Frühjahr 1998

Michael Broadbent

BORDEAUX

WELTSTADT DES WEINS

BORDEAUX

Ich finde Gefallen an der Vorstellung, ich hätte einen weiten Horizont. O ja, ich degustiere, trinke und genieße Weine aller Arten und Qualitäten aus der ganzen Welt. Doch so gut, so faszinierend, so erfolgreich manche dieser Weine auch sein mögen – immer kehre ich nach Bordeaux »heim«.

Die Gründe dafür sind so vielfältig wie der Wein. Während Burgunder direkt zum Herzen geht, spricht ein guter »Claret« (so nennen wir Engländer den roten Bordeaux von alters her) den Verstand über Auge, Nase und Geschmackssinn an. Seine Erscheinung ist nicht bloß attraktiv, sondern bedeutend, seine Tiefe und Intensität spiegeln den Körper des Weins wider, die Qualität des Jahrgangs; seine Purpurschattierungen, die mit den Jahren in Kirschrot, Rotbraun und dann in warme Bernsteintöne übergehen, zeigen dem Auge seinen Reifegrad erstaunlich genau an. Seine »Nase« gibt untrüglich Aufschluß über Zustand und Qualität, bei einem jungen Wein auch über seine Zusammensetzung, das Verhältnis der Traubensorten.

Rechte Seite: Wohin ich in der Weinwelt auch auf Entdeckungsreisen gehe – immer kehre ich nach Bordeaux »heim«.

Im Glas entfaltet das Bukett eines großen, reifen Bordeaux unzählige Facetten, und gleichzeitig stimmuliert die lebhafte Säure den Appetit. Wie bei anderen Weinen spielen alle Komponenten ihre Rolle: Die Frucht und deren chemische Zusammensetzung sorgen für den Geschmack, der Alkoholgehalt gibt ihm Körper und Kraft; die Feinstruktur der Weinsäure, für mich das »Nervensystem« eines Weins, ist erfrischend, und das Tannin, die Gerbsäure – ein beim roten Bordeaux ganz entscheidendes Element – sorgt nicht nur für Langlebigkeit, sondern verleiht ihm auch diesen unnachahmlich trockenen Abgang, der den Mund sauber und frisch hinterlässt, bereit für den nächsten Schluck.

Last but not least ist guter roter Bordeaux der Verdauung förderlich, er ist also nicht bloß ein Genuss, sondern tut darüber hinaus auch noch gut!

L'INTENDANT
BORDEAUX

Seit mehr als zweihundert Jahren genießt Bordeaux zu Recht den Ruf, die größte Region der besten Weine der Welt zu sein; und mit Sicherheit beherrscht es heute den internationalen Markt großer Weine.

EINE REISE DURCH DAS BORDELAIS

Zum ersten Mal reisten – beinahe hätte ich geschrieben »pilgerten« – meine Frau und ich im Sommer 1955 nach Bordeaux. Wir waren seit einem Jahr verheiratet, und dies sollte die erste von vielen »Arbeitsferien« sein, jährlichen Urlaubsreisen, die wir auf der Erkundung von Weingebieten unternahmen. Wie die meisten Besucher wählten wir die Stadt Bordeaux als Ausgangspunkt; ein junger Freund aus dem Weinhandel – Peter Sichel, heute einer meiner ältesten – zeigte uns mit seinem Wagen die Gegend. Seit damals habe ich Bordeaux so oft besucht, dass ich es nicht mehr zählen kann. Aber Stadt und Landschaft haben nichts von ihrer Ausstrahlung eingebüßt.

Wenn ich mich an jene Jahre zurückerinnere, als ich ein unbekannter junger Mann war, der gerade etwas über Wein zu lernen anfing, bin ich immer noch dankbar für die Freundlichkeit, Hilfe und Gastfreundschaft der alteingesessenen »Kaufmannsfürsten«, deren Familien damals den Handel beherrschten. Sie fuhren mich in die verschiedenen Appellationen des Bordelais, zu Châteaux und Weindegustationen; zwischendurch bestiegen meine Frau und ich einen gemieteten Motorroller, um die Landschaft auf eigene Faust und mit Empfehlungsschreiben ausgerüstet zu erkunden. Ich kann mir keine bessere Art vorstellen, um ein Gefühl für eine Gegend und ihre Weine zu bekommen.

EIN BLICK IN DIE GESCHICHTE

Ein wenig Hausaufgaben schaden nie: Ich wusste bereits, dass es wohl die Römer gewesen waren, die hier die ersten Reben gepflanzt hatten, dass schon im frühen Mittelalter der Handel mit den Weinen der Gegend, ursprünglich von flussaufwärts gelegenen Gebieten bis hinauf nach Bergerac und Cahors, gut organisiert und sehr wichtig war. Die Engländer hatten Glück: Dank der Heirat von König Heinrich II. und Eleonore von Aquitanien kam im 12. Jahrhundert der gesamte Südwesten Frankreichs zur englischen Krone. Schon vor Jahrhunderten sind wir auf den Geschmack von »Clairet« gekommen, wie der Wein damals auf französisch hieß, und haben ihn nicht mehr verloren.

Im 17. Jahrhundert legten holländische Fachleute die Sümpfe am linken Ufer der Girondemündung trocken, es wurden Reben angepflanzt, und innerhalb eines Jahrhunderts entstand die Mehrzahl der noch heute wichtigen Weingüter des Médoc. Tatsächlich gab es schon gegen Ende des 18. Jahrhunderts eine Klassierung der Spitzen-Châteaux. So berichtete Thomas Jefferson, der nachmalige dritte Präsident der USA, nach seinem Besuch in Bordeaux im Mai 1787, die »Premiers Crus« seien »Lafitte, La Tour und Château Margaux«, Haut-Brion am Rande der Stadt gehöre zur selben Klasse, sei aber älter, und der beste Süßwein werde von einem »Monsieur Diquem« gemacht!

Gestützt auf solche Bücher über Güter, Jahrgänge und Preise entstand die Klassifizierung der Châteaux von 1855, die Napoleon III. zur Weltausstellung in Paris in Auftrag gegeben hatte.

Seit mehr als zweihundert Jahren kann Bordeaux also mit Recht den Ruhm der größten Region der besten Weine der Welt für sich beanspruchen; und mit Sicherheit beherrscht es heute den internationalen Markt großer Weine. Bordeaux steht aber nicht nur für Qualität, sondern auch für Vielseitigkeit: Es gibt buchstäblich Tausende von so genannten »Châteaux«, von den großartigsten Palastbauten bis zu bescheidenen Häuschen, alle haben sie ihre eigenen Rebberge und Kellereien, und die Weine reichen von guter Alltagsqualität bis zur absoluten Spitze der besten und rarsten Gewächse.

Zu dieser Vielfalt kommt die Unterschiedlichkeit der Bodenbeschaffenheit, des Mikroklimas und, was ganz entscheidend ist, das Meeresklima des Atlantik, der in jedem Jahr für neue Großwetterlagen sorgt, weshalb jeder Bordeaux-Jahrgang anders ausfällt; schließlich der Zeitfaktor, der Einfluss der Flaschenlagerung auf die Entwicklung von Qualitätsweinen. Rot, weiß, trocken, süß – die Variationen und Permutationen sind endlos, und man beginnt die nie erlahmende Anziehungskraft der Weine von Bordeaux zu verstehen.

Nach der Stadt Bordeaux wird zwar der Wein einer ganzen Region genannt – doch auf dem Stadtgebiet liegen bloß zwei Weingüter: Château Haut-Brion und Château La Mission Haut-Brion.

DIE STADT UND DER HAFEN VON BORDEAUX

Die Garonne fließt in nördlicher Richtung und bildet mit der Dordogne die weite Trichtermündung der Gironde in den Atlantik. Am Westufer der Garonne, kurz vor der Vereinigung mit der Dordogne, liegt Bordeaux, eine große Stadt mit stattlichen dunkelgrauen Steinhäusern und einem noch heute wichtigen Hafen. In früherer Zeit war die schöne alte Stadt Libourne an der Dordogne der wichtigste Handelshafen für Wein, aber Mitte des 18. Jahrhunderts übernahm Bordeaux diese Rolle. Noch heute säumen die Büros und Weinlager der Handelshäuser von damals die Quais des linken Garonne-Ufers. Mit Aus-

nahme des historisch wichtigen Château Haut-Brion und seines ausgezeichneten Nachbargutes Château La Mission Haut-Brion, die heute beide von Vorstadtsiedlungen von Bordeaux eingeschlossen sind, liegen alle wichtigen Appellationen in einer gewissen Entfernung, ganz anders als zum Beispiel in Beaune, dessen Weinberge bloß Minuten von der Stadtgrenze entfernt sind.

Doch wer will schon in einem verkehrsgeplagten Stadtzentrum verharren? Es geht hinaus in die Rebberge, und bald stellen wir fest, wie verschieden sie sind.

Der 500 Meter lange »Pont de Pierre« wurde 1810 von Napoleon in Auftrag gegeben und war die erste Brücke über die Garonne in Bordeaux. Noch heute säumen die Handelshäuser die Quais des linken Garonne-Ufers.

In Bordeaux herrscht Übersicht, auch bei den Reben.
Aus drei Hauptsorten wird Rotwein gekeltert –
Cabernet Sauvignon, Cabernet Franc und Merlot –,
aus zweien Weißwein: Semillon und Sauvignon Blanc.

DIE TRAUBEN-SORTEN

Bevor wir zu unserer kurzen Tour durch die einzelnen Appellationen aufbrechen, möchte ich die wichtigsten Traubensorten vorstellen und den Stil und die Bedeutung des Weins erläutern, den sie ergeben.

Cabernet Sauvignon:

Die »Königin« der Rotweintrauben ist Cabernet Sauvignon, eine kleinbeerige, spätreife Sorte, die für Farbe, Rückgrat, Geschmack und Chrakter der Weine aus den Gebieten Médoc und Graves sorgt. Sie ist die am weitesten verbreitete Traube der Welt geworden und liefert in vielen anderen Anbaugebieten Weine, die »nach Bordeaux aussehen« sollen.

Cabernet Franc:

Die nah verwandte Cabernet Franc ist eine der beiden Hauptsorten des »rechten Ufers«, der Appellationen von Pomerol und Saint-Emilion, und spielt im Médoc eine wichtige Rolle als Ergänzung des Cabernet Sauvignon.

Merlot:

Die in Pomerol vorherrschende Sorte ist Merlot, sie hat in Saint-Emilion sehr große Bedeutung und auch im Médoc und Graves einen Anteil, wenn auch selten einen höheren als Cabernet Sauvignon. Merlot ist eine frühreife Sorte und sorgt für schöne Farbe, Körper und Fleisch und den opulenteren Charakter der Pomerols.

Petit Verdot:

Obwohl auch andere rote Sorten angepflanzt werden, sind die meisten in der Gunst gesunken, mit Ausnahme der Petit Verdot, einer spätreifen Sorte, die im Médoc gelegentlich in kleinen Mengen von selten mehr als 5% verwendet wird, um einem Wein eine Spur von »Salz und Pfeffer« zu verleihen.

Semillon und Sauvignon Blanc:

Die weißen Hauptsorten sowohl für trockene und süße Weine sind Semillon und Sauvignon Blanc. Das zuverlässige »Arbeitspferd« Semillon ist eine Sorte, die unspektakuläre Weine ergibt und in Bordeaux nur selten sortenrein gekeltert wird, häufiger et-

wa zur Hälfte mit der durchdringenderen, spitzeren Sauvignon verschnitten wird. Wegen der modischen Nachfrage nach sauberen, leichten und frischen, trockenen Weißweinen wird heute mehr Sauvignon Blanc angebaut, einige Graves neuen Stils sind sogar sortenreiner Sauvignon. Zusammen mit der Verwendung neuer Eiche verleiht dies dem Wein einen besonders würzigen und floralen Charakter, den ich persönlich als untypisch für Bordeaux anschaue und der den Wein in Wettstreit mit den »Bordeaux-ähnlichen« der Neuen Welt treten lässt.

Die berühmten Süßweine von Sauternes, Barsac und Bommes werden aus denselben zwei Grundsorten gewonnen, das Verhältnis wechselt von Château zu Château und in gewissem Ausmaß von Jahr zu Jahr. Einige Châteaux bauen auch eine kleine Menge von Muscadelle, der Muskatellerrebe, an, die in Mengen bis zu 5% eine deutlich traubige Geschmacksnote beisteuert.

An diesen Merlot-Rebstöcken in Pomerol wächst einer der teuersten Rotweine der Welt: Pétrus.

MÉDOC

Médoc heißt die Landzunge, die sich nordwestlich von Bordeaux zwischen der Gironde und den Atlantikstränden erstreckt. Die erste Gemeindeappellation, die man auf der *Route Départementale* (Departementsstraße) D 2 erreicht, hat ihren weltberühmten Namen von einem kleinen Dorf: Margaux. Auf dem Gebiet der fünf zugehörigen Gemeinden liegt eine recht große Zahl von Weingütern, darunter einige der Spitzenklasse, an erster Stelle Château Margaux selbst, ein beeindruckender klassizistischer Bau mit einer Säulenvorhalle aus dem frühen 19. Jahrhundert und einem ebenso beeindruckenden Lagerkeller, zu ebener Erde, dem so genannten *Chai*, dessen Dach von hübschen dorischen Säulen getragen wird. Auf Château Margaux wird außer dem Rotwein, der in der Klassierung von 1855 als *Premier Cru* eingestuft wurde, auch ein trockener Weißwein erzeugt – Pavillon Blanc, was für das Médoc, dieses eingeschworene Rotweingebiet, sehr ungewöhnlich ist. Die charakteristischen Eigenschaften der aus Cabernet Sauvignon, Cabernet Franc und Merlot gekelterten Rotweine sind ein schönes Rubinrot, delikate Nase, Balance und Finesse.

Château Margaux 1893 habe ich seit 1971 neunmal verkostet: »Voll und reich mit positivem Geschmack, wenn auch etwas zu säurebetont.«

Nach weiteren zwanzig Minuten Fahrt durch kleine, ehrlich gesagt nicht besonders interessante Dörfer, über schmale, *jalles* genannte Bäche und entlang der *palus*, tief gelegenem Marschland an der Gironde, erreicht man Saint-Julien, eine recht kleine Appellation mit einer überraschend hohen Dichte von Weingütern. *Premier Cru* gibt es hier keinen, dafür die größte Zahl von *Deuxièmes* wie Gruaud-Larose, Ducru-Beaucaillou und die drei Léovilles: Las-Cases, Poyferré und Barton.

Dies ist eine Appellation der gut balancierten Rotweine – weiße gibt es keine –, und für mich verkörpern sie eine Art »ruhenden Pol«, einen relativ unauffälligen und doch absolut zufriedenstellenden Bordeaux, der in Qualität und Stil Maßstäbe setzt, an denen ich die Weine anderer Appellationen messen kann.

Linke Seite: Ein herrschaftliches Gut von ebenso klassischer Schönheit wie sein Wein: Château Margaux.

*Ein einziges Château hat es geschafft,
die Klassifizierung von 1855 zu durchbrechen:
1973 wurde Château Mouton Rothschild offiziell
in den Rang eines Premier Cru erhoben.*

Wo die Weinberge von Saint-Julien aufhören, fangen jene von Pauillac an. Auch diese Rotweinappellation hat ihren Namen von einem etwas verschlafenen Ort, dem Hafenstädtchen Pauillac an der Gironde. Wie nah die beiden Appellationen nebeneinander liegen, zeigt sich am ausgedehnten Weinberg von Léoville-Las-Cases in Saint-Julien: Nur der kleine Bach Juillac trennt ihn von dem für seine wuchtigen, langlebigen Weine berühmten Château Latour in Pauillac. Latour ist ein *Premier Cru* und steht im Ruf, auch in schwachen Jahren gute Weine zu erzeugen.

Der Bankier James Rothschild kaufte Château Lafite 1868 aus einer Laune heraus: Der Name erinnerte ihn an seine Adresse, die Rue Laffitte in der Nähe der Pariser Oper.

Hinter dem Ort steigt die D 2 und führt nach Norden, in Richtung Château Lafite, historisch gesehen das »erste unter den ersten« Gütern, einem Wein von großer Klasse und Finesse.

Auf selber Höhe, aber noch etwas weiter hinten, liegen die Weinberge von Château Mouton-Rothschild, das 1973 zu Recht offiziell in den Rang eines *Premier Cru* erhoben wurde. Mouton ist vielleicht das dramatischste, das »farbigste« der großen Gewächse, Höhepunkt und Inbegriff eines Cabernet Sauvignon, mit dem würzigen Aroma von schwarzen Johannisbeeren und großartigem Geschmack: der Tschaikowski unter den Bordeaux!

Unmittelbar hinter Lafite führt die Straße auf eine Anhöhe, vorbei an einer der exotischsten Architekturen des ganzen Médoc: dem »orientalischen « *Chai* von Château Cos d'Estournel, neben seinem Nachbarn Montrose der einzige *Deuxième Cru* von Saint-Estèphe, bekannt für die Kraft und Langlebigkeit seiner Weine.

Das weite, von zahllosen Sträßchen durchkreuzte Gebiet der Appellation Saint-Estèphe führt schließlich vom Haut-Médoc in das Bas-Médoc, das nördlichste Anbaugebiet mit einer großen Zahl von kleineren Gütern, die *Cru bourgeois* und angenehme, aber in der Regel nicht herausragende Weine hervorbringen.

Auf dem Rückweg in Richtung Bordeaux auf der Schnellstraße, der sogenannten »Rocade«, die zunächst westlich, dann südlich führt, erreichen wir das Gebiet der großen Appellation Graves, deren Name sich von den Kiesböden aus der Eiszeit herleitet (frz. *gravier* heißt Kies, *grève* Kiesbank).

Im Gebiet von Graves liegt die relativ neue Apellation Pessac-Léognan, die auch die beiden wichtigsten Schlösser umfasst – die bereits erwähnten Châteaux Haut-Brion und La Mission. Haut-Brion, der einzige *Premier Cru* außerhalb des Médoc, ist eines der ältesten Güter, es wird bereits im 16. Jahrhundert erwähnt. Beide Châteaux keltern sowohl Rot- wie Weißwein allerhöchster Qualität, beide haben einen charakteristisch erdigen Charakter mit typischem Tabakaroma und beide befinden sich schon auf Stadtgebiet, in der Nähe der Universität. Ein paar Kilometer weiter südlich liegen ein paar andere Châteaux, die ebenfalls trockene Weißweine und Rotweine erzeugen; unter ihnen genießt Domaine de Chevalier das höchste Ansehen.

Ein Wahrzeichen von St. Estèphe: der »Chais« von Château Cos d'Estournel, der mit seinen unzähligen exotischen Türmchen und Spitzen im »orientalischen Stil« an eine Pagode erinnert.

Sauternes ist die südlichste Appellation im Bordelais und ganz auf goldenen Süßwein spezialisiert. Pomerol dagegen ist das Reich des Merlot, der reichen, runden Rotwein von tiefer Farbe ergibt.

SAUTERNES

Die Landschaft im Gebiet von Graves ist nicht so flach wie das Médoc. Tälchen, kleine Dörfer, Gehöfte und Wäldchen wechseln sich mit Weinbergen ab und führen zu einem höher gelegenen Gebiet und zum Sauternes. Dafür, dass das Gebiet dieser Appellation vom Stadtzentrum in nur einer Stunde via Autobahn zu erreichen ist, mutet es überraschend ländlich und unberührt an. Sauternes ist die südlichste Appellation der Bordeaux-Weine und ganz auf Süßwein spezialisiert. Trockene Sauternes gibt es nicht, obwohl die besten Weine nur unter besonders günstigen Wetterbedingungen entstehen. Ein risikoreiches und kostenintensives Geschäft.

Eine ganze Zahl wichtiger Schlösser, an erster Stelle das wunderschön gelegene Château d'Yquem, stellt, wenn der Herbst entsprechend warm ist, aus spät gelesenen Trauben mit Edelfäule (*Pourriture noble,* Botrytis cinerea) intensiv süße Weine her. Die Edelfäule reduziert den Wassergehalt und erhöht so die Konzentration des Fruchtzuckers in den Beeren, was einen goldfarbenen Wein von großer Schönheit und Qualität ergibt.

POMEROL

Rechte Seite: Der nach dem Schlüsselheiligen benannte Wein – für manche ein Schlüsselerlebnis.

Wir setzen unsere Weintour fort, starten aber wieder in Bordeaux. Wir fahren ungefähr eine Stunde ostwärts Richtung Libourne, wo die Rebberge von Pomerol beginnen. Im Unterschied zu den Gebieten von Médoc und Graves reiht sich hier Weinberg an Weinberg, nur von schmalen Sträßchen unterbrochen. Dies ist das Reich des Merlot. Pétrus, das berühmteste Gut, ist fast zu 100% mit Merlot-Reben bepflanzt, die einen reichen, runden, fleischigen Wein von tiefer Farbe ergeben, der mir aber weniger subtil und faszinierend erscheint als die *Premiers Crus* des Médoc. Dieser einfachere Stil ergibt, in Verbindung mit der beschränkten Erntemenge und großen Nachfrage, die extrem teuren Pomerols, das begehrte Objekt der weniger kritischen Reichen der Welt. Das heißt nicht, dass die Weine, übrigens alles Rotweine, nicht gut wären, ganz im Gegenteil. Der momentane Star des internationalen Marktes, Le Pin, hat eine winzige

PETRVS
POMEROL
Grand Vin
PETRVS
POMEROL
PETRVS
POMEROL
Grand Vin

Studieren sie ein gute Landkarte, bereisen Sie die Gegend, lesen Sie über Jahrgänge und vor allem – kosten Sie die Weine, und ich bin überzeugt, Sie werden die vielen attraktiven Seiten von Bordeaux bald selbst schätzen, ja lieben.

Jahresproduktion und beeindruckt durch seinen Stil die chinesischen Multimillionäre in Hong Kong, Singapur, Taiwan und anderswo im Fernen Osten.

SAINT-EMILION

Pomerol liegt auf einer Ebene über dem rechten Ufer der Dordogne. Die angrenzenden Weinberge von Saint-Emilion sind an einem sanft geneigten Abhang gepflanzt. Das erste große Château, Cheval-Blanc, liegt direkt an der Grenze, unmittelbar daneben Château Figeac, weiter östlich dann das mittelalterliche, von Weinbergen *(Côtes)* umringte Städtchen Saint-Emilion. Dessen berühmteste Reben wachsen auf Château Ausone, das nach dem in Bordeaux geborenen lateinischen Dichter Decimus Magnus Ausoniùs (310–385 n. Chr.) benannt wurde, der lange Zeit als Konsul und Erzieher des Kaisers Gratianus in der römischen Kaiserstadt Trier an der Mosel lebte. Das Städtchen und seine Umgebung könnten sich von Pauillac und der Landschaft des Médoc nicht stärker unterscheiden. Zusammen mit Sauternes und Graves versinnbildlichen sie die wunderbaren Kontraste, die das Bordelais ausmachen – geographisch, architektonisch und im Stil der Weine.

DAS ÜBRIGE BORDEAUX-GEBIET

In der Appellation Saint-Emilion und den angrenzenden Gebieten im Norden wird ausschließlich Rotwein erzeugt, zur Hauptsache aus Cabernet Franc und Merlot. (Die Bodenbeschaffenheit, höhere Lage und das Klima sind für die Cabernet-Sauvignon-Rebe weniger günstig.) Der Stil dieser Weine ist offener, weniger konzentriert, mit guter Frucht und für gewöhnlich höherem Alkoholgehalt. Manchmal werden sie wegen ihrer vergleichsweise größeren Süße, Weichheit, Fülle und Zugänglichkeit als die »Burgunder« von Bordeaux bezeichnet. Obwohl sie sich gut lagern lassen, sind sie auch jung schon attraktiv.

Neben den soeben beschriebenen wichtigsten Appellationen gibt es ausgedehnte Weingebiete mit großer Ernte von weniger berühmten, aber gefälligen und preisgünstigen Weinen, zur Hauptsache Rotweinen. Fronsac, eine kleine Appellation am rechten Ufer der Dordogne direkt neben Pomerol, ist die bedeutendste und genießt einen guten Ruf. Blaye und Bourg schließen sich flussabwärts an.

Ungefähr in der Mitte des Departement Gironde liegt zwischen der Dordogne und der Garonne eine überraschend hübsche, hügelige Gegend mit vielen attraktiven kleinen, sehr alten Orten, die nach ihrer Lage zwischen den zwei Flüssen »Entre-deux-Mers« genannt wird. Hier erzeugt man solide Rotweine und die Weißweine der Appellation »Entre-deux-Mers«; neben manchem hübschen privaten Gut gibt es hier große, wichtige Weinbaugenossenschaften.

Studieren Sie eine gute Landkarte, bereisen Sie die Gegend, lesen Sie über Jahrgänge und vor allem – kosten Sie die Weine, und ich bin überzeugt, Sie werden die vielen attraktiven Seiten von Bordeaux bald selbst schätzen, ja lieben.

Die weiten Rebflächen von Entre-deux-mers: Hier, zwischen Garonne und Dordogne, werden die Weißweine der gleichnamigen Appellation und Rotwein der einfachen Appellation Bordeaux gekeltert.

Der neue Fasskeller von Château Lafite: Der einzigartige »Chai« von 1989 mit kreisförmigem Grundriss ist tief in die Weinberge eingegraben und erinnert an einen Rundtempel.

Roter Bordeaux der Spitzenqualität reift nicht nur in der Flasche und entwickelt dabei besondere Feinheiten, er kann auch ungeheuer langlebig sein.

GROSSE JAHRGÄNGE

Roter Bordeaux der Spitzenqualität reift nicht nur in der Flasche und entwickelt besondere Feinheiten von Bukett und Aroma, er kann auch ungeheuer langlebig sein.

Berühmte historische Jahrgänge: 1784, 1791, 1825, 1846, 1849. Große Jahrgänge aus der Zeit vor der Reblauskatastrophe, die immer noch ausgezeichnet sein können, wenn sie perfekt eingekellert waren: 1858, 1864, 1865, 1870, 1875, 1878.
Die besten von der Jahrhundertwende bis 1944: 1899, 1900, 1904, 1920, 1921, 1924, 1926, 1928, 1929, 1934, 1943.
Das große Nachkriegstrio: 1945, 1947 und 1949, die besten der fünfziger und sechziger Jahre: 1953, 1955, 1959 und 1961, beide hervorragend, 1962, 1964 und 1966.
Die siebziger Jahre waren im Rückblick gesehen enttäuschend: 1970 war der beste, dazu einige 71er (insbesondere Pomerol), 1975 (viel Tannin), 1976 (charmant, aber jetzt verblassend), 1978 und 1979 (sehr tanninhaltig, am Austrocknen).

Die achtziger Jahre stehen als erfolgreichstes Jahrzehnt in der langen Geschichte von Bordeaux einzigartig da: 1981 (gut, trinkreif), 1982 (herausragend, reich, tanninhaltig – heute hohe Preise), 1983 (»klassischer Bordeaux«), 1984 – die Merlot-Ernte fiel aus (unbalancierte Weine, denen es an Charme fehlt), 1985 (hervorragend balanciert, gegenwärtig mein Liebling), 1986 (gut, braucht noch Zeit), 1987 (*assez bien*, recht gut, solide) 1988 (klassisch, braucht lange Flaschenlagerung), 1989 (hervorragend, reich, fleischig).

Das Jahr 1990 (ausgezeichnet, gut balanciert) gab der gegenwärtigen Dekade einen guten Start, dem ein mittelmäßiges 1991 folgte und ein nur wenig besseres 1992, dann aber ganz gute 1993 und 1994, ein gutes 1995 und ein schlankeres, besonders im Médoc erfolgreiches 1996.

Die meisten weißen Graves werden, mit Ausnahme von Château Haut-Brion Blanc und Laville Haut-Brion, wie alle übrigen trockenen Weißweine der Welt am besten jung getrunken.

Sauternes hingegen halten sich nicht nur sehr gut, die besten entwickeln sich in der Flasche weiter. Insbesondere Yquem ist so konzentriert und balanciert, dass er beinahe unendlich lange hält.

Historische Jahrgänge von Château d'Yquem, die nach meiner Erfahrung bemerkenswert gut waren: 1811, 1825, 1847 – der großartigste aller Zeiten; 1858, 1864, 1865, 1869, 1871, 1875.

Die besten Jahrgänge von der Jahrhundertwende bis 1944: 1893, 1896, 1899, 1900, 1904, 1906, 1921 – der beste, nicht nur für Yquem; 1924, 1926, 1928, 1929 – auch ein hervorragender Climens; 1934, 1937 – besonders erfolgreich; 1942 und 1943.

Die besten Nachkriegsjahrgänge: 1945, 1947, 1949 – alle drei auf den meisten Châteaux hervorragend; 1952, 1953, 1955, 1959, 1962, 1966, 1967 – außergewöhnlich gut; 1970, 1971 noch feiner, 1975, 1976; 1979 und 1982 bescheiden, 1983 exzellent, 1986 sehr gut; 1988, 1989 und 1990 hervorragend. Das gab es in Sauternes noch nie zuvor: drei große Jahrgänge hintereinander. Leider folgten ihnen ein schwaches 1991, ein sehr schwaches 1992 (Yquem deklassierte seine ganze Ernte), ein schwaches 1993, dann ein besseres 1994, ein gutes 1995 und 1996.

Lafite war der Lieblingswein der Reichen und Mächtigen.
Einige mussten ihn Erben hinterlassen,
die ihn weniger zu schätzen wussten und zu Auktionen gaben,
weil sie ihn für »zu alt« befanden.

Meine Lieblings-Weine

Ich habe, insbesondere in den vergangenen dreißig Jahren, so manche hervorragende Weine genossen, einige davon historische Jahrgänge, dass es langweilig und nutzlos wäre, sie alle hier aufzuzählen.
Von Château Lafite sind besonders viele Jahrgänge vertreten, weil dieser großartige *Premier Cru* nicht allein wegen seiner hohen Qualität, sondern auch wegen seiner Lagerfähigkeit der Liebling der Aristokratie und der Wohlhabenden ganz allgemein war. Als besten Wein in ihrem Keller sparten sie ihn für besondere Gelegenheiten auf, einige starben und mussten ihn den nächsten ein bis zwei Generationen hinterlassen, die ihn oft weniger zu schätzen wussten und zu Auktionen gaben, weil sie ihn für »zu alt« befanden.

Zu meinen größten Erlebnissen gehörten die **Lafites** der folgenden Jahrgänge, einige davon habe ich mehrmals verkostet und getrunken: 1799, 1825, 1844, 1848, 1858, 1864, 1865, 1877, 1878; dann 1899, 1900, 1905, 1920, 1924, 1934 und alle großen Nachkriegs-Jahrgänge. Die verlässlichsten (denn alte Flaschen sind Glückssache, ihr Zustand hängt von der Lagerung und dem Korken ab) waren 1865, 1870 und die Spitzenjahrgänge nach 1944.

1870: »Wer der Meinung ist, dass Lafite nur vergleichweise blasse, leichte, delikate und feminine Weine produziere, hat noch nie etwas von den wuchtigen Lafite-›Knüllern‹ gehört, geschweige denn jemals einen davon getrunken. [...] Das Erscheinungsbild nach wie vor schön und reich; die Nase gleich nach dem Einschenken käsig mit Sattelgeruch, doch das Bukett entfaltete sich rasch und hielt sich dann eine gute Stunde schön im Glas. Immer noch ein Hauch ›Süße‹, nach wie vor ein körperreicher und tanninbetonter, reichhaltiger Wein zum Kauen. Beste Noten.« (Oktober 1988, aus: Broadbents Weinnotizen).

Latour war schon immer für seine Langlebigkeit berühmt. Die besten der ganz alten Jahrgänge waren: 1870, 1874, 1878, 1899, 1904, 1920, 1924, 1926, 1928 – der 50 Jahre brauchte, um zu reifen, und immer noch hervorragend ist; 1929, und alle großen Nachkriegsjahrgänge, wobei 1952 und 1955 überraschenderweise besser sind als 1953.

1928: »Zweifellos der große 1928er. 50 Jahre lang wegen des hohen Tanningehalts nicht genießbar. Mitte der 80er Jahre erreichte er seinen Höhepunkt. [...] Überaus farbintensives Erscheinungsbild. Muss dekantiert werden und benötigt Zeit und Luft, damit das würzige Bukett nach Zimt und Zedernholz aufblühen kann. In jedem Fall ein wuchtiger, männlicher Wein mit hohem Tanningehalt, dabei samtig, mit großer Konzentration und Länge. Lebt sicherlich noch weitere 50 Jahre.« (Juni 1990, aus: Broadbents Weinnotizen).

Château Margaux, seit über zwei Jahrhunderten der Konkurrent von Lafite im Wettstreit um den ersten Rang: 1787, 1847, 1870, 1875, 1893, 1899, 1900, 1905, 1921, 1926, 1929, 1934, 1943 und die großen Jahrgänge seit 1945. Es ist übrigens nicht richtig und unfair zu behaupten, die Nachkriegsjahrgänge der Familie Ginestet seien unterdurchschnittlich gewesen. Das trifft nicht zu. Doch die Übernahme durch André Mentzelopoulos im Jahr 1977 verlieh dem Château neuen Schwung, und manche Verbesserung wurde vorgenommen.
1989: »Erstmals im April 1990 zusammen mit Paul Pontallier verkostet. Von ihm erfuhr ich den Traubensatz des 89er Grand vin*: 77 bis 78% Cabernet Sauvignon, etwa 15% Merlot, fünf Prozent Petit Verdot und zwei bis drei Prozent Cabernet Franc. Mittlerer Alkoholgehalt: 12,8%. Gute Tiefe, aber nicht undurchsichtig. Sehr entgegenkommende, würzig-reife Frucht, eine Spur Himbeeren und ein Hauch neue Eiche. Ziemlich ›süß‹. Weiche Tannine, so wurde mir erklärt, machen den Wein ›süßer‹ und verringern die Säure. Bereits köstlich, vorzüglich, füllig. Im November 1990 ein betörender Duft, mehr als fruchtig-parfümiert; Fülle und Babyspeck. Ähnliches Gewicht wie der 90er, aber gute, seidige Textur. Müsste sich sehr schön entwickeln.« (November 1993, aus: Broadbents Weinnotizen).*

Cheval-Blanc ist wegen seiner Konstanz von Stil und schlichter Schönheit in mancher Hinsicht mein Lieblings-Château. Es erzeugte einen der besten 1921er, und der 1926er ist einer der feinsten und reichsten Bordeaux, die ich je verkostet habe; ein hervorragendes 1929, ein gutes 1945 und der berühmte, ja spektakuläre Jahrgang 1947; ein sehr gutes 1948, feines 1949, 1953 und so weiter – fast nie ein schwacher Wein.
1926: »Ein denkwürdiger Wein. In den vergangenen 25 Jahren sechsmal verkostet, gleichbleibende Bewertung: nicht sehr tief, aber vielschichtig in der Farbe; herrlich reiches, reifes Bukett mit Eichentönen und Nuancen von angesengten Blättern. [...] Delikat und verblassend, aber mit Finesse und großer Länge. Ein kompletter roter Bordeaux.« (Mai 1987, aus: Broadbents Weinnotizen).

Haut-Brion, so oft hervorragend, so oft unterschätzt, durchlief ab 1927 eine schlechte Zeit, bis es 1935 von Clarence Dillon aus der amerikanischen Bankiersdynastie gekauft wurde und seither exzellenten Wein produziert, insbesondere den noch immer hervorragenden 1945er.
1945: »Einer der besten Jahrgänge von Haut-Brion überhaupt. 25 hervorragende Bewertungen und nur eine schlechte Flasche. Der Wein scheint mit dem Alter wieder an Farbtiefe gewonnen zu haben, ist wieder fast undurchdringlich, doch mit einem reifen Bernsteinrand. In

Das Leben besteht nicht nur aus Premiers Crus, *auch andere ältere klassierte Bordeaux-Weine können eine Entdeckung sein. Etwas Glück gehört allerdings dazu.*

der Nase und am Gaumen unterscheidet er sich von den anderen Médoc-Weinen. Erdiger, doch nicht ungehobelt und mit Tabaknuancen im Geschmack. Das Bukett unterschiedlich beschrieben, zart und wohlriechend, ›süß‹, mit Vanille und Schokoladetönen, warm, würzig, komplett – immer bemerkenswert gut. Ziemlich körperreich und doch samtig, beladen mit Alkohol, der Gerbstoffgehalt wird durch die Reichhaltigkeit und die Extraktstoffe überdeckt. Große Länge und wunderbarer Nachgeschmack.« (Oktober 1993, aus: Broadbents Weinnotizen).

Mouton-Rothschild ist ein Sonderfall. Unter dem energischen, begabten und weitsichtigen Baron Philippe, der 1924 die Leitung des vernachlässigten Familienbetriebs übernahm, gewann der Wein rasch an Qualität (erzielte auch höhere Preise) und wurde 1973 als *Premier Cru* klassiert. Große Jahrgänge sind: 1924, 1926, 1929 (opulent, lässt jetzt nach), 1934, 1945 – der größte Mouton aller Zeiten: er transzendiert, sprengt den Rahmen eines Bordeaux; 1947, 1949 – äußerst bukettreich, delikat und köstlich; 1953 und 1959 – beide hervorragend; 1961 exzellent, 1966 erstklassig. Ein großartiges 1982, ein exzellentes 1985, der beste 1986er Médoc, 1989 und 1990 hervorragend.
1986: »Ein spektakulärer Wein und sicherlich ein Spitzen-86er. […] Starkfarbenes Zentrum, intensives, unentwickeltes Purpurrot; rauhe junge Frucht und Würze, reiches, fast dickes Aroma von schwarzen Johannisbeeren, das sich ohne Ermüdungserscheinungen verströmte, ›süß‹, mit beträchtlicher Tiefe; fabelhafter Geschmack, bis oben angefüllt mit Frucht, sehr tanninbetonter, duftender Nachgeschmack.« (Oktober 1993, aus: Broadbents Weinnotizen).

Pétrus: 1945, 1947 und 1949 sind natürlich Jahrgänge der Superlative – wie jedes gute Jahr bis 1990.
1949: »Wirklich ein sehr großer Wein. Satte, beeindruckende Farbe; das Bukett mit reifer Maulbeernote. ›Süß‹, voll, weich, samtig, dabei lebenserhaltend griffig. Vollkommen.« (Mai 1993, aus: Broadbents Weinnotizen).

PETRUS

Das Leben besteht nicht nur aus erstklassierten Gewächsen, *Premiers Crus*. Von den vielen anderen Châteaux greife ich nur ein paar großartige Erinnerungen heraus: 1847 Rauzan, 1870 Cos, Gruaud und Montrose; 1875 Desmirail, 1893 und 1898 Brane-Cantenac; 1900 Léoville Barton, Cantenac-Brown, Gruaud-Larose; 1911 Rausan-Ségla; Léoville-Poyferré 1916 und der beste aller 1929er. La Mission Haut-Brion 1920, 1921 und ein hervorragender 1929er; 1934 Beychevelle und La Mission. Es wurden so viele hervorragende

1945er, 1947er und 1949er erzeugt, dass es schwierig ist, den besten ausfindig zu machen. Vielleicht Grand-Puy-Lacoste, Gruaud und Poyferré; 1947 Figeac, La Fleur, La Mission.
Der schönste 1948er ist Léoville-Barton. 1949er und 1953er gibt es viele wundervolle. 1955 Cantemerle. Fast zu viele große 1959er. 1961 natürlich Palmer, einer der besten dieses großen Jahrgangs.

Léoville-Barton 1948: *»Der brillanteste und vollkommenste 48er. Zweimal 1971 degustiert. Kürzlich dann: granatrot; herrliches Bukett, würzig, Eukalyptus, Mouton-ähnlich; süß, schöner Geschmack, perfekt in Gewicht, Tannin und Säure.« (Juni 1992, aus: Broadbents Weinnotizen).*

Palmer 1961: *»Einer der am wenigsten umstrittenen großen 61er. [...] Nach wie vor tiefes, samtiges, wenn auch mittlerweile ausgebautes Erscheinungsbild. Sehr tiefes Bukett, füllig und wohlriechend, reife Maulbeernuancen, wobei die weiteren Eindrücke kaum mehr in Worte zu fassen sind – ›herrlich‹ wäre noch zu gering. ›Süß‹, vollmundig in Frucht und Geschmack, üppig-sinnlich, vielschichtig. Einfach superb. (April 1993, aus: Broadbents Weinnotizen).*
Meine Lieblingschâteaux des Jahrgangs 1945 außer den *Premiers Crus*: Léoville Barton, Las Cases und der verjüngte Poyferré, Pichon Lalande, Grand-Puy-Lacoste, Lynch-Bages, Montrose, Gruaud-Larose, Pavie, L'Eglise-Clinet, La Tour in Pomerol, La Conseillante, Trotanoy; und von den *Crus bourgeois*: d'Angludet, Chasse-Spleen, La Tour-de-By, Coufran.

Sauternes habe ich immer geliebt, und nach Yquem hat für mich Climens konstante Klasse, gefolgt von Rieussec, Rayne-Vigneau und Suduiraut.

BURGUND

KÖNIGLICHE WEINE

BURGUND

Ich glaube, es war in meinem ersten Jahr als Weinhandels-Novize, als ich einen alten Freund der Familie, einen wohlhabenden Connaisseur, fragte, was der Unterschied zwischen Bordeaux und Burgunder sei. »Rund sechshundert Kilometer«, gab er zur Antwort. Erst dachte ich, er scherze. Doch dieser Unterschied, diese Entfernung fasst den Kontrast von Bodenbeschaffenheit, Traubensorten, Klima (hier das Kontinentalklima im Osten Zentralfrankreichs – dort das Meeresklima der Südwestküste), von Land und Leuten und ihrem Verständnis von Wein zusammen.

BURGUND IST ANDERS

Rechte Seite: Gepflegte Weinberge, und die Kirche ist nie fern: Manche Domänen sind ehemalige Klostergüter, die sich bis ins Mittelalter zurückverfolgen lassen. In der Französischen Revolution wurden viele säkularisiert und dann bei jeder Erbteilung aufgesplittert.

Was ich an Burgund liebe, ist die Landschaft, die Reichtum mit rustikaler Einfachheit vereint – die dichten, doch aufgeräumten und heiteren Rebzeilen, den unverdorbenen Anblick der Weindörfer, die sich zu beiden Seiten von Beaune, einer der kompaktesten und attraktivsten Weinstädte der Welt, erstrecken. Die zu Recht so genannte »Côte d'Or«, die »goldene Hügelkette«, erinnert mich an den Rheingau. In beiden zieht sich eine ununterbrochene Decke aus Weinbergen an südöstlich exponierten Hängen hin, die Hauptstraße verläuft im flachen Talgrund, die Weindörfer liegen entweder an der Straße oder in einem der unzähligen kleinen Seitentälchen.

Die Weinberge selbst sehen vor allem im Sommer und vor der Lesezeit wie ein einziger großer und wohlgepflegter Park aus, die grünen Rebzeilen sind perfekt geschnitten, geradezu manikürt, und im Herbst, nach der Lese, strahlen sie in atemberaubenden Orange- und Goldtönen.

Was ich am roten Burgunder liebe, ist seine Wärme, sein großzügiger Charakter, die Art, wie sich sein Geschmack beinahe magisch am Gaumen erwärmt und entfaltet. In der Spitzenkategorie kann Burgund gewiss für sich in Anspruch nehmen, den großartigsten Rotwein der Welt zu erzeugen. Um den allerbesten zu bekommen, braucht man nur gute Kontakte, einen guten Weinhändler – und einen Haufen Geld. Im Mittelfeld des bloß

Hat man einmal die »Hürde überwunden«, erweist sich der Burgunder Weinbauer als gastfreundlich, sehr stolz auf seinen Wein und glücklich, dass er Sie ihn verkosten lassen kann.

guten, anständigen Weins setzen die Schwierigkeiten ein. Denn es reicht nicht, einfach den Namen eines Dorfes oder eines Weinbergs zu wissen, man muss auch die Namen des Erzeugers und des *Négociant*, des Händlers, kennen. Was die Rotweine minderer Qualität betrifft – beachten Sie sie nicht; es sind unglaublich peinliche Kopfschmerzverursacher.

Der weiße Burgunder kann mit Recht behaupten, der beste trockene Weißwein der Welt zu sein. Ich kann mich täuschen, aber ich finde es seit jeher einfacher, weißen Burgunder auszuwählen, er ist von beständigerer Qualität als der rote.

Und die Einwohner, die Burgunderinnen und Burgunder? Meiner Ansicht nach gibt es zweierlei Arten: Jene, die vom und auf dem Land leben, ihre Reben selbst pflegen und ihren

Wein nach traditionellen Methoden im eigenen Keller neben oder unter ihrem Wohnhaus keltern – im Unterschied zu den Châteaux um Bordeaux gruppieren sich die Häuser in Burgund zu verschiedenen Dörfchen. Andererseits die *Négociants*, einige davon ehrwürdige, alteingesessene Familienfirmen wie Louis Latour, der im vergangenen Jahr das zweihundertjährige Bestehen feiern konnte, andere groß und eindeutig kommerziell ausgerichtet. Während die Händler, die Stadtbewohner, einfach zugängliche Menschen sind – ihr Geschäft ist es schließlich, Wein zu verkaufen, und zwar in Mengen und mit Gewinn –, ist der Weinproduzent auf dem Dorf im Gegenteil vorsichtig, etwas verschlossen, typisch französisch, sehr eigenwillig und eher misstrauisch gegenüber den Motiven eines Fremden, der seinen Keller plündern will. Hat man aber einmal die »Hürde überwunden«, erweist er sich als gastfreundlich, sehr stolz auf seinen Wein und glücklich, dass er Sie ihn verkosten lassen kann. Aber auch dann kann es noch sein, dass er Ihnen seinen kostbaren Nektar nur zögernd, ja geradezu widerwillig verkauft!

Der Grund, weshalb die Weinbauern in Dörfern wohnen und ihre Häuser nicht in den Weinbergen gebaut haben, ist einfach und einleuchtend. Das Anbaugebiet ist auf die bestehenden und bewährten besten Lagen beschränkt; gutes Rebgelände ist viel zu knapp und sein Preis viel zu hoch, um es an ein Haus oder eine Weinkellerei zu verschwenden!

Die zweite Besonderheit ist die endlose Unterteilung der Weinberge, die hauptsächlich auf das Erbrecht des *Code Napoléon* zurückgeht, wonach beim Tod eines Privatbesitzers die Güter gleichmäßig aufgeteilt werden mussten. Es ist für einen Produzenten in Volnay nicht weiter ungewöhnlich, eine Rebenzeile sagen wir im Weinberg »en Champans« und einen Drittelhektar in »les Epenots« im benachbarten Beaune zu besitzen. Multiplizieren Sie dies mit vielen hundert Einzelproduzenten, und die Weinberge, die auf ersten Blick so einheitlich und ordentlich wirken, stellen sich als eine wahren Flickendecke von Reben heraus, die von den verschiedenen Besitzern ganz verschieden gepflegt werden. Ein extremes Beispiel dafür ist Clos de Vougeot – seine 50 Hektar verteilen sich auf etwa 75 Besitzer. Weinberge in einer einzigen Hand gibt es selten; Beispiele sind Clos de Tart, Clos des Lambrays und natürlich Romanée-Conti und La Tâche.

Wahrhaft alteingesessen: Das Erzeuger- und Handelshaus Louis Latour feierte im vergangenen Jahr sein zweihundertjähriges Bestehen.

CLOS VOU

Clos de Vougeot ist zwar von einer hohen Mauer umgeben, ein sicheres Zeichen, dass es sich um einen ehemaligen klösterlichen Weinberg handelt. Doch heute teilen sich Dutzende von Besitzern in die 50 ha der Grand-Cru-Lage.

In jedem Dorf in Burgund gibt es kleine Hotels und Restaurants. Für jeden Geschmack und jedes Budget ist gesorgt, vom großartigen, mit Michelin-Sternen ausgezeichneten Haus bis zur bescheidenen Auberge *mit gutem Preis-Leistungs-Verhältnis.*

EIN BESUCH IN BURGUND – DAMALS UND HEUTE

Zum ersten Mal besuchte ich Burgund im Frühjahr 1957 mit einigen älteren Arbeitskollegen von Harvey's of Bristol auf einer Frankreichreise, die uns zuvor in die Champagne und das Elsass geführt hatte und die dann weiter nach Bordeaux gehen sollte. Wir reisten in einem klassischen Bentley-Oldtimer. Die Reise war aus zwei Gründen unvergesslich: Zum einen fühlte ich mich noch immer nicht besonders gut – nach einem zu reichhaltigen Abendessen im Elsass war mir sterbenselend gewesen; und zwei Mahlzeiten am Tag in Burgund sind eine schwere Aufgabe, selbst wenn man bester Gesundheit ist. Dazu kam ein Degustationserlebnis, das uns allen eine Lektion erteilte.

Von Dijon Richtung Beaune führt parallel zur Route Nationale N 74 die kleine Départementale D 122 durch die Weinberge der nördlichen Côte de Nuits.

Zu jener Zeit, von den vierzigern bis in die sechziger, führte Harvey's wie viele gute englische Weinhändler beinahe ausschließlich Weine, die heute als »klassisch« gelten; der schon immer teure Burgunder war prominent vertreten. Der Wein wurde zum größten Teil von alteingesessenen Londoner Zwischenhändlern bezogen, die als Spezialisten und Agenten ihre ebenso alteingesessenen französischen Partner vertraten. Nur sehr wenige Weine wurden direkt von einem Weingut, einer *Domaine*, bezogen. Auf unserer Reise hatten wir einige Musterflaschen Santenay dabei, die Harvey's gekauft hatte und die sich im Stil alle voneinander unterschieden. Welches war nun der typische? Ein freundlicher Agent, ein *Courtier*, arrangierte eine Blinddegustation in Santenay, zu der einige kompetente Produzenten eingeladen wurden. Ohne zu zögern bezeichneten sie den Wein, den sowohl wir bei Harvey's wie auch unsere Kundenschaft schätzten und für typisch hielten, als *Bon cuisine*, einen guten Verschnitt (fast sicher mit etwas Rhône-Wein); den tiefsten, üppigsten und schwersten taten sie als *Goût Américain* ab; und der Wein, den wir Briten eher seltsam fanden, weil er von relativ blasser Farbe war und einen deutlich anderen und ungewöhnlichen Geschmack hatte – das war der echte, *le vrai* Santenay.

Und hier die Erklärung: Seit vielen Jahren, wahrscheinlich schon seit dem letzten Jahrhundert, wurde der größte Teil der Burgun-

der für den britischen Markt mit Weinen von der Rhône, aus Südfrankreich und – für den billigsten »Burgunder« – sogar aus Algerien verschnitten. Ja, der eine oder andere englische Händler lehnte es nicht ab, auch selbst »mitzumischen«. Denn bis 1971 kümmerten die offiziellen Appellationen (AC) uns Engländer nicht besonders; das war ein französisches Problem. Wir hielten das nicht für unehrlich; und die britischen Mittelklasse-Kunden mochten die Weine, ein anständiges Getränk zu einem fairen Preis. Doch der Beitritt zur EWG machte diesem Treiben ein Ende, und die Engländer mussten sich an einen anderen Weinstil gewöhnen, den echten Burgunder, *le vrai Bourgogne*!

Von solchen kommerziellen Details abgesehen, war Burgund ein herrlicher Flecken für einen Besuch und ist es noch immer, denn neben der landschaftlichen Schönheit bietet es, anders als z. B. Médoc und das Bordelais ganz allgemein, eine Menge guter Adressen, wo man hervorragend essen und übernachten kann. Ein Tipp: Besorgen Sie sich den Führer *Logis de France*. Er deckt ganz Frankreich ab und ist sehr nützlich. Meine Frau und ich haben das ganze Spektrum ausprobiert, von den billigsten bis zu den *Relais et Châteaux*; und sie erinnert mich immer wieder an unsere frühen »Arbeitsferien« in Burgund; die ersten beiden Male stiegen wir in einem sehr einfachen Hotel namens »Sans Souci« in den Hügeln oberhalb von Beaune ab. Ein schlichtes Zimmer mit einem *Lavabo*, eher einem Waschtrog, im Garten! Aber wir waren frisch verheiratet und hatten nicht viel Geld, und es war preiswert! Zum Glück hatten wir Empfehlungsschreiben für die meisten Négociants und einige Produzenten dabei, degustierten interessante Weine, die allesamt zu meinen Kenntnissen und meinem Verständnis beitrugen. Heutzutage sind unsere Ansprüche ein wenig höher, aber man lernt nie aus. Ich glaube nicht, dass ein Außenstehender alles über die Gegend, die Leute und den Wein in Burgund wissen kann. Doch schon der Versuch allein lohnt die Mühe.

Pinot Noir mit ihrer charakteristischen Pinienzapfenform ist die Königin der Traubensorten in Burgund.

Die Franzosen sind Meister in der Organisation von Großanlässen, stilvollen Banketten und so weiter, wo sie die Weine einer bestimmten Appellation oder einer bestimmten Region zelebrieren.

LA CONFRÉRIE DES CHEVALIERS DU TASTEVIN

Etwas, worauf die Franzosen sich verstehen, und in Burgund noch besser als anderswo, ist die Verbindung von Tradition – manchmal auch einer relativ jungen »Tradition« – mit farbenprächtigem Pomp und Zeremonien; sie sind Meister in der Organisation von Großanlässen, stilvollen Diners und so weiter, wo sie die Weine einer bestimmten Appellation oder einer bestimmten Region zelebrieren (und trinken). All dies dient der Promotion des Weins unter den angenehmsten Bedingungen.

Besonders bewundere ich, mit welchem natürlichen Geschick sie diese Anlässe planen und durchführen. Die Engländer würden sich verschämt winden oder protzig auftreten. Nicht so die Franzosen, mit Sicherheit nicht die Burgunder!

In Burgund wird Wein traditionellerweise im silbernen »Tastevin« geprüft, der auch der »Confrérie« den Namen gegeben hat.

Rechte Seite. Die »Confrérie des Chevaliers du Tastevin« ist eine der berühmtesten Weinbruderschaften der Welt. Sie wurde 1933 gegründet und veranstaltet regelmäßig Bankette im Château von Clos de Vougeot.

Außer den Diners auf dem Château Clos de Vougeot, das wegen seiner mittelalterlichen Architektur und seiner historischen Keltern einen Besuch lohnt, veranstalten die *Chevaliers* ihre jährliche *Tastevinage*, die Prüfung jener Weine, die, wenn sie bestehen, das prestigeträchtige Etikett tragen dürfen. Hugh Johnson und ich waren unlängst zu einer dieser Blinddegustationen eingeladen, und wir waren beide von der Gewissenhaftigkeit der Verkostung und dem Standard der Weine tief beeindruckt. Die *Chapitre*-Diners werden in regelmäßigen Abständen das ganze Jahr hindurch veranstaltet; einer der Hauptanlässe findet am Sonnabend vor *Les Trois Glorieuses* statt, dem dritten Sonntag im November. Die jungen Weine werden verkostet, und jene aus den Weinbergen von Hospices de Beaune werden am Sonntag versteigert.

1971 nahm ich zum ersten Mal an einem *Tastevin*-Diner mit anschließender Auktion teil. Beide Veranstaltungen waren denkwürdig, das Diner wegen seiner Dauer – zwischen den einzelnen Gängen wurden Reden gehalten, humorvolle oder musikalische Einlagen dargeboten – und wundersamerweise hatte ich, als ich nach Mitternacht in die kühle Nachtluft hinaustrat, weder das Gefühl, zu viel gegessen, noch zu viel getrunken zu haben. Auch die Auktion war in ihrer Dauer denkwürdig, ebensosehr aber

wegen der enormen Umständlichkeit der Gebote und des zähen Verhandelns: Es dauerte mehrere Stunden, die 70 bis 80 Posten, *Lots*, zu verkaufen. Zum Vergleich: Von Christie's bin ich die zügige und weniger dramatische Abwicklung von um die 250 *Lots* pro Stunde gewöhnt. Vielleicht ist es ganz gut, dass die Hospices bloß eine einzige Versteigerung im Jahr durchführen; nur so kann die Mystik über die Langeweile Oberhand behalten. Doch die Auktion hat auch eine ganz praktische Seite: Das eingenommene Geld ist ein Beitrag an die Unterhaltskosten des Hauses, und die erzielten Preise geben den Erzeugern wie den Händlern einen Anhaltspunkt, wie die Qualität des Jahrgangs eingeschätzt wird und wie der Weinmarkt generell aussieht.

Vermeiden Sie die Autobahn, wenn Sie die Weinberge sehen wollen, und wählen Sie die alte Route Nationale N 74 von Dijon nach Beaune. Hier lesen Sie all die großen Namen der Côte de Nuits, der Heimat der edelsten Rotweine.

DÖRFER, WEINBERGE UND REBSORTEN

Es hat wenig Sinn, im Einzelnen beschreiben zu wollen, was so viele Weinbücher im Allgemeinen oder ganz eingehend behandeln.

Nur ganz kurz zu den Trauben: Im Unterschied zur Gegend von Bordeaux werden grundsätzlich nur zwei Sorten angebaut – Pinot Noir für den Rotwein, Chardonnay für weißen, daneben die schlichtere Sorte Aligoté, die einen einfachen, aber durchaus angenehmen Weißwein ergibt. Erwähnt werden muss auch die wichtige, aber nicht »edle« Rotweintraube Gamay, die den köstlich frisch-fruchtigen Beaujolais ergibt, der südlich des eigentlichen Burgund und nördlich der Gastronomie-Metropole Lyon wächst.

Alle weißen Burgunder sind trocken. Mit ganz, ganz wenigen Ausnahmen ist Edelfäule, Botrytis, in Burgund nicht willkommen, Süßweine werden weder produziert noch gehandelt.

Vermeiden Sie die Autobahn, wenn Sie die Weinberge sehen wollen, und wählen Sie stattdessen die alte *Route Nationale* N 74 von

Dijon nach Beaune. Hier lesen Sie nacheinander auf Schildern, die nach rechts weisen, all die großen Namen der Côte de Nuits, der ersten Hälfte der legendären Côte d'Or und der Heimat der edelsten Rotweine: Gevrey-Chambertin, Morey-Saint-Denis, Chambolle-Musigny, Vosne-Romanée und Nuits Saint-Georges. In jedem Fall – und dies ist eines der charakteristischen Merkmale von Burgund – steht der Name des Dorfes oder der Gemeinde (z. B. Gevrey) zuerst, der Name des berühmtesten zugehörigen Grand-Cru-Weinbergs wird mit Bindestrich hinzugefügt: -Chambertin.

Weiter in Richtung Beaune liegen zwei weniger bedeutende Apellationen, Pernand-Vergelesses und Savigny-lès-Beaune, beide in kleinen Tälchen versteckt, und der Weiler Aloxe-Corton, über dem sich majestätisch der Corton-Hügel mit seiner Waldkrone erhebt: An der steilen Südostflanke des Hanges wachsen die Pinot-Noir-Reben für den bekannten Rotwein, etwas um die Ecke, auf dem Kalkboden des Südhanges, ist der Geburtsort

Typisches Landschaftsbild der Côte de Beaune.

von Corton-Charlemagne, einem der berühmtesten und langlebigsten weißen Burgunder.

Beaune, die ehemalige Residenzstadt der Herzöge von Burgund, genießt mit ihren beeindruckenden Stadtmauern, die alte Häuser und enge Gassen umschließen, zu Recht den Ruf einer Touristenattraktion. Südlich der Stadt erstrecken sich die sanfter geneigten Hänge der Côte de Beaune und die Gemeinden von Pommard und Volnay, wo zur Hauptsache Rotwein angebaut wird. Es folgen die wohlhabende Gemeinde Meursault, eine weite, für ihren Weißwein berühmte Streusiedlung, Puligny und Chassagne, die sich in die 7,5 Hektar des bekannten Weinbergs Montrachet teilen, dessen durchschnittlicher Jahresertrag von rund 27 000 Flaschen für die ganze Welt reichen muss. Kein Wunder, ist er gesucht und teuer.

In dem Maße, wie der weiße Burgunder von der Côte de Beaune im Preis stieg, wurde nach einem Ersatz gesucht. Die Suche dauerte nicht lange, man entdeckte bald, dass unmittelbar südlich Montagny und andere Dörfer angenehme und marktgerechte Weine produzierten, und noch weiter Richtung Süden lag das weit größere Mâconnais, bereit, eine Menge anständiger weißer und roter Alltagsweine zu liefern. Als einige von diesen, allen voran Pouilly-Fuissé, teurer wurden, geriet die ganze Weinregion Burgund kommerziell ins Schussfeld der Konkurrenten aus der Neuen Welt, die zuerst die Chardonnay-, dann die Pinot-Noir-Rebe importiert hatten, um ihre eigenen Versionen von Burgunder Klassikern zu produzieren. Das Resultat werde ich im Nachwort kommentieren.

Chablis, eine kleine Apellation auf halber Strecke zwischen Beaune und Paris, verdiente einen Abschnitt für sich; aber ich bin nicht der Richtige, ihn zu verfassen. Zugegeben, ich mag etwas voreingenommen sein: Während einiger Jahre prüfte ich auf Blinddegustationen Weine für British Airways und war durch die verkosteten Chablis-Weine einfach nie zu beeindrucken. Früher war Chablis für mich ein Begriff für frische, stahlige,

Linke Seite: Eine der meistbesuchten Sehenswürdigkeiten Frankreichs: die Hospices de Beaune, wo im Mittelalter Arme und Kranke gepflegt wurden.

Lassen Sie guten roten Burgunder im Gaumen warm werden.
Die Geschmacksentfaltung kann eine wahre Offenbarung sein:
Er öffnet sich majestätisch, die Burgunder Winzer sagen,
wie ein »Pfauenrad«.

kompromisslos trockene Weißweine. Die besten sind noch heute so. Aber viele sind es nicht mehr, und die Tendenz, neue Eichenfässer zu verwenden, hat den Stil komplett verändert. Ein butteriger, eichiger Chardonnay von Chablis mag oberflächlich attraktiv erscheinen, aber er ist nicht authentisch und sucht nur mit den Launen des internationalen Markts Schritt zu halten.

Doch, um nicht auf einer düsteren Note zu enden: Weißer Burgunder ist im Idealfall ein ungeheuer befriedigender Wein, ein perfekter Wein zum Essen; meiner Meinung nach kein Wein, den man wie irgend einen gewöhnlichen Chardonnay gedankenlos für sich schlürfen oder hinunterstürzen sollte. Er hat Finesse und große Länge, erschließt sich aber nicht unbedingt auf Anhieb. Die besten sollten nicht eiskalt, sondern bloß kühl serviert werden, denn wundersamerweise öffnen sie sich im Glas, wenn der Wein sich der Zimmertemperatur nähert.

Roter Burgunder sollte hingegen kühl serviert werden, und nicht chambriert wie Bordeaux. In Burgund bringen die Erzeuger und

Im Eichenholzfass reift der Burgunder heran: Keller von Chanson Père et Fils in Beaune.

Händler die Flaschen oft direkt vom Keller auf den Tisch und servieren sie mehr oder weniger mit Kellertemperatur und ohne zu dekantieren. Lassen Sie guten roten Burgunder im Gaumen warm werden. Die Geschmacksentfaltung kann eine wahre Offenbarung sein: Er öffnet sich majestätisch, die Burgunder Winzer sagen, wie ein »Pfauenrad«.

DIE BESTEN JAHRGÄNGE

Roter Burgunder: Historisch, klassisch und bei guter Lagerung noch immer trinkbar: 1864, 1865, 1870, 1906, 1911, 1915, 1919, 1920, 1923, 1926, 1928, 1929, 1934 und 1937.
Große Jahrgänge – diese Weine sind noch immer exzellent: 1945, 1947, 1949, 1952, 1953, 1959, 1962, 1964, 1966, 1969, 1971, 1978.
Die Weine der achtziger Jahre waren erfolgreich, aber nicht im selben Maß wie der rote Bordeaux. Fraglos die besten und von mir bevorzugten trinkreifen Jahrgänge sind 1985 und 1988, und 1990 ist das ausgewogenste Jahr der jüngsten Zeit.
1992 ist gut und angenehm zu trinken, 1993 äußerst gut, 1994 recht gut, 1995 von gut bis exzellent und 1996 herausragend.

Weißer Burgunder: Die allermeisten trockenen Weißweine schmecken jung getrunken am besten, und weißer Burgunder bildet da keine Ausnahme. Nur die Weißen allerhöchster Qualität, Montrachet eines guten Jahres, Bâtard-Montrachet eines Spitzenerzeugers und Corton-Charlemagne profitieren von Flaschenlagerung.
Obwohl ich viele alte weiße Burgunder verkostet und genossen habe, z.B. einen bemerkenswerten Montrachet 1864, einen Meursault 1865 aus dem Keller von Bouchard Père et Fils und einen großartigen Montrachet 1906, sollten die meisten, mit Ausnahme einiger interessanter Weine aus den zwanziger und dreißiger Jahren, gemieden werden. Auf dem Höhepunkt sind die Jahrgänge 1945, 1947 und 1949 (insbesonere der Corton-Charlemagne von Louis Latour); 1961, im Allgemeinen ein besseres Jahr für Weiß- als für Rotweine, 1966 (ich erinnere mich an einen großartigen Montrachet Domaine de la Romanée-Conti). Die besten unter den jüngeren Jahrgängen sind meiner Ansicht nach 1989, 1990, 1995 und 1996.

*Roter Burgunder sollte kühl serviert werden.
In Burgund bringen die Erzeuger und Händler die Flaschen
oft direkt vom Keller auf den Tisch und servieren sie mehr oder
weniger mit Kellertemperatur und ohne zu dekantieren.*

Meine Lieblings-Weine

Die Weine der **Domaine de la Romanée-Conti**, kurz **DRC**, sind von allerhöchster Qualität. Ihre anfänglich manchmal enttäuschend blasse Farbe gewinnt beim Reifen an Tiefe. Sie sind langlebig, die besseren Jahrgänge brauchen sogar jahrelange Flaschenlagerung, um sich ganz zu öffnen; kurioserweise überleben einige schwache DRC-Jahrgänge und lassen sich ganz gut trinken – ich denke da an einen La Tâche 1954.

Der Spitzenwein von DRC, **Romanée-Conti** selbst, hat eigene Dimensionen, der 1937er ist vielleicht der großartigste, den ich je getrunken habe: »*Phantastisch. Mitteltiefe, herrlich warme, ausladend herbstliche Farbe, mit schöner Abstufung zu einem ausgebauten, mahagonigetönten Rand; reifes, reiches, klassisches Bukett, mit den Pinot-Nuancen von roter Bete, zart, wohlriechend, nachhaltig; sehr ›süß‹, ziemlich körperreich, fleischig, vorzüglicher Geschmack. Schien im Glas noch reicher zu werden. Perfekter Tannin- und Säuregehalt.« (September 1988, aus: Broadbents Weinnotizen).* Romanée-Conti 1952 ist exzellent, ebenso 1962, 1966 und 1969.

La Tâche ist eine harte Konkurrenz, der 1945er noch von tiefer Farbe und schlicht perfekt. Sogar der furchtbare Jahrgang 1951 war von La Tâche trinkbar: »*Mittelblass, lebhaft, rosig – bessere Farbe als der 82er Clos de Tart; ziemlich harte Nase, wie rote Bete, sauber; trocken, leichter, dabei positiver Geschmack. Lebhaft, frisch. Eine echte Überraschung.« (Oktober 1985, aus: Broadbents Weinnotizen).* Mein Liebling, der 1962er, ist von einem exquisiten Duft: »*Bei einem Nach-*

mitternachtsessen am Ende von Marvin Overtons großer Latour-Degustation füllte er den ganzen Raum mit seinem Parfum. Harte Nase, zurückhaltend, entfaltete sich langsam, dann aber phantastisch, unbeschreiblich üppig, pflanzlich. Am Gaumen ›explodierend‹, eine Spur reifer ›Süße‹, ziemlich körperreich, konzentriert, sehr schöne Struktur, vollmundiges Aroma, mit dem sprichwörtlichen Pfauenrad vielschichtiger Geschmacksnuancen.« (Oktober 1987, aus: Broadbents Weinnotizen).
Ich bin auch ein großer Bewunderer der stilvollen, aber etwas unterschätzten Romanée-St-Vivant und Grands-Echézaux von DRC.

Musigny und **Bonnes Mares** von Georges de Vogüé scheinen ihren Höhepunkt in den späten vierziger Jahren gehabt zu haben. Der 1945er Musigny Vieilles Vignes ist superb: *»Tief, lebhaft – die unverwechselbare Farbtiefe eines 45ers. Nase zunächst zurückhaltend, entfaltete sich langsam im Glas, mit dem flüchtigen Duft von Bratäpfeln, die mit Nelken gespickt wurden, nach 90 Minuten im Glas immer noch voll entwickelt; fester, immer noch jugendlicher, würziger Geschmack, mit trockenem, tannin- und säurebetontem Abgang. Noch viele Jahre Lebenserwartung.« (Oktober 1984, aus: Broadbents Weinnotizen).*
Der 1949er Musigny war der Star der großen De-Vogüé-Degustation 1984: *»Immer noch reiches Rot; scharfe alkoholbetonte, medizinale Nase, die sich schön entfaltete und hielt; ›süß‹, ziemlich körperreich, köstlich, wohlriechende Pinot-Frucht, nachhaltigster Geschmack und Nachgeschmack von allen.« (Oktober 1984, aus: Broadbents Weinnotizen).* Nachdem dieses Weingut vorübergehend ein wenig von seinem Renommée eingebüßt hatte, erzeugt es wieder ausgezeichnete Weine.

Unter den Produzenten bewundere ich Armand Rousseau, dann die Domaine Dujac, Henri Gouges, Domaine Bonneau du Martray (vor allem den Corton-Charlemagne), Jean Grivot, Faiveley, Simon Bize und Hubert de Montille, die Domaine des Comtes Lafon und Michel Lafarge. Von den Weißwein-Spezialisten nenne ich Leflaive, Etienne Sauzet, Claude Ramonet und den Marquis de Laguiche mit seinem exzellenten Montrachet.

Bei den *Négociants*, die auch selbst Weinberge besitzen, stufe ich Joseph Drouhin und Louis Jadot besonders hoch ein, Louis Latour vor allem für seinen **Corton-Grancey** und **Corton-Charlemagne,** dazu die Spitzenweine der Domaine du Château de Beaune, die unter dem neuen Besitzer Joseph Henriot vermutlich eine Renaissance erleben werden. Und last but not least der allgegenwärtige **Leroy** unter der glänzenden, energischen Leitung von Lalou Bize.

FRANKREICHS WEINFLÜSSE

LOIRE
RHONE
ELSASS

LOIRE
FRISCH UND FRUCHTIG

Rechte Seite: Mit mehr als 1000 km ist die Loire Frankreichs längster Fluss. Mal gibt sie sich als Erholungsgebiet par excellence, idyllisch von einer Allee gesäumt ...

Unter den drei anderen großen Weinbauregionen Frankreichs außer dem Bordelais und Burgund haben die Loire und die Rhone etwas gemein: Beide sind bedeutende Flüsse, und an ihren Ufern oder in unmittelbarer Nähe liegen wichtige Weingebiete. Im Elsass, Frankreichs »Außenseiter«, wächst eine Art französischer Rheinwein.
Was mich schon immer faszinierte: Wie die Weine von der Loire und jene von der Rhone einander ergänzen und die Natur und Kraft der Flüsse und der gegensätzlichen Landschaften widerspiegeln. An der Loire wachsen zur Hauptsache leichte, säurebetonte Weißweine, an der Rhone vor allem robuste Rotweine, alle auf ihre Weise gut und oft mehr als ihren Preis wert. Was die beiden Flüsse überdies gemeinsam haben: An jedem wird eine Haupt-Traubensorte angebaut, die unterdessen auch auf andere Böden und in manche weit entfernte Klimazone verpflanzt wurde und die doch einen Standard definiert haben, den der Rest der Welt zu erreichen sucht. Ich spreche von Sauvignon Blanc und Syrah.

Ich liebe die delikate Frucht und das kitzelnde Säurespiel der besten Weine aus dem schmalen, langgestreckten Anbaugebiet entlang der Loire und verstehe nicht, warum sie, der allgegenwärtige Sancerre ausgenommen, nicht besser bekannt sind und weiter herum geschätzt werden.
Die Loire, Frankreichs längster Fluss, entspringt im Massif Central, dem geographischen Zentrum Frankreichs, fließt in nördlicher Richtung, bis sie sich nach links wendet, an Orléans, der Stadt von Jeanne d'Arc, vorüberfließt und ihren gemächlichen Weg durch den *Jardin de France*, den »Garten Frankreichs«,

Ich liebe die delikate Frucht und das kitzelnde Säurespiel der besten Weine aus dem Anbaugebiet entlang der Loire und verstehe nicht, warum sie nicht besser bekannt sind und weiter herum geschätzt werden.

... mal spielt sie in wilder, uneingedämmter Freiheit.

fortsetzt. Eine Reihe architektonischer Juwelen schmückt ihre Ufer und Zuflüsse, die Königspaläste und Landschlösser von Blois, Amboise, Azay-le-Rideau und Chenonceaux, die gewaltige Festungsanlage von Schloss Chinon, bevor die Loire schließlich zwischen der Bretagne und der Vendée bei Nantes in den Atlantik mündet.

An der jungen Loire im Süden wachsen nicht besonders bemerkenswerte Weine rund um Roanne und die bekannteren, aber nicht im Loire-Tal selbst gelegenen säurebetonten Weißweine von Saint-Pourçain sur Sioule.

SANCERRE UND POUILLY-FUMÉ

Flussabwärts, also weiter nördlich, liegen die berühmten Appellationen von Sancerre und Pouilly einander auf den beiden Flussufern mehr oder weniger gegenüber. Hier werden aus einer einzigen wichtigen Sorte, Sauvignon Blanc, ähnliche und geradezu »archetypische« Weine erzeugt, der Sancerre und der Pouilly-Fumé (nicht zu verwechseln mit dem Pouilly-Fuissé aus dem Mâconnais im Süden Burgunds). Dank dem Zusammenspiel von Kalkstein, Feuerstein und Kiesböden und dem gemäßigten Klima hat der Wein dieser Sorte eine frische, versteckte Frucht, die mit ihrem säurebetonten Charakter an weiße

Während Sancerre oder Pouilly-Fumé, manchmal auch beide, in die Weinkarten vieler Restaurants in aller Welt Eingang gefunden haben, ist mein Lieblingswein von der Loire, Vouvray, außerhalb der Gegend kaum bekannt.

oder frische schwarze Johannisbeeren erinnert. In guten Jahren werden um Chavignol in der Appellation Sancerre hervorragende Rotweine erzeugt.

Das Städtchen Pouilly-sur-Loire liegt am rechten Ufer. Sein größtes und bekanntestes Weingut ist Château du Nozet, das dem wohlhabenden Baron de Ladoucette gehört. Auch Château de Tracy ist in Aristokratenbesitz und ebenfalls sehr gut.

Die hübsche Stadt Sancerre thront auf einem Hügel über der Loire und ist von den Weinbergen von vierzehn Gemeinden, *Communes*, umgeben, die alle auf dem linken Loire-Ufer liegen. Der größte und bekannteste Produzent ist Alphonse Mellot, weitere wichtige Erzeuger sind Vincent Delaporte, Pierre Archambault und der brillante, eigenwillige Serge Dageneau.

VOUVRAY

Während Sancerre oder Pouilly-Fumé, manchmal auch beide, in die Weinkarten vieler Restaurants in aller Welt Eingang gefunden haben, ist mein Lieblingswein von der Loire, Vouvray, außerhalb der Gegend kaum bekannt. Die Weine von Vouvray am rechten und die noch weniger bekannten Montlouis vom linken Loire-Ufer wachsen im Mittellauf der westlich fließenden Loire, auf halber Strecke zwischen Orléans und Angers. Auch die weiße Hauptsorte ist eine der am wenigsten bekannten klassischen Sorten der Welt, die Chenin Blanc. Sie ist charakteristisch und doch schwierig zu beschreiben, riecht am ehesten ein wenig nach Melone, und das einzige, was sie mit der Sauvignon Blanc flussaufwärts gemeinsam hat, ist ihre wundervoll frische Säure. Im Unterschied zu Sancerre kann der Wein von Vouvray sehr unterschiedlich sein: Es gibt trockenen (*sec*), halbtrockenen (*demi-sec*) und süßen (*doux*), aber auch perlenden (*pétillant*) oder vollschäumenden. Ich persönlich mag den besten trockenen Vouvray oder dann die wunderbaren Süßweine mit Botrytis, die in Jahren mit idealen Wetterbedingungen entstehen: goldene Farbe, Bukett und Geschmack von

Nirgendwo bringt Chenin Blanc so großartige Resultate hervor wie an der Loire.

Honig, das unnachahmliche Gleichgewicht zwischen Säure und Fülle. Sie halten sich überdies gut, ein 1947er eines Spitzenerzeugers kann noch überragend sein.
Die führenden Vouvray-Produzenten sind S. A. Huët, Marc Brédif, J.-C. Pichot und Foreau, insbesondere sein Clos Naudin.
Ein ganzes Stück nördlich von Tours, an einem Zufluss mit dem irreführenden Namen Loir, liegt die winzige, fast völlig vergessene Region Jasnières. Von hier kommt der kompromisslos knochentrockene Weißwein der Domaine de la Charrière, den ich sehr schätze und genieße.

CHINON UND BOURGUEIL

Ein wenig weiter flussabwärts liegen die Rotwein-Appellationen Chinon, am linken Loire-Ufer, und Bourgueil, direkt gegenüber. Lebhaftes Purpurrot, der Geschmack von Himbeere und hoher Säuregehalt zeichnen diese Cabernet-Franc-Weine aus. Persönlich finde ich sie zu roh, auch wenn sie, an Ort und Stelle und zum Essen getrunken, erfrischend schmecken. In außergewöhnlich heißen Jahren können sie jedoch sehr attraktiv sein. Zu den Bourgueils, die ich bewunderte, gehören Paul Gam-

Ein Motiv wie von einem der französischen Impressionisten: ländliche Ruhe an der Indre, einem Zufluss der Loire.

Außerhalb Frankreichs sind die Weine von der Loire viel zu wenig bekannt. Hier wartet noch so manche Entdeckung auf den neugierigen Weinliebhaber …

bier, Couly-Dutheil, die Domaine de Chevretta im Besitz von Taluau in Saint-Nicholas de Bourgueil und ein sehr fruchtiger Chinon von der Domaine de Roncés, die Donabella gehört.
Auf dem Weg nach Angers liegt die historische Stadt Saumur, besser bekannt für ihre Schaumweine (*Vins mousseux*), obwohl der Rotwein von Champigny, vor allem in warmen Jahren, sehr gut sein kann; der beste, den ich verkostet habe, stammte von Filliatreau.

SAVENNIÈRES UND CÔTEAUX DU LAYON

Gegenüber der Stadt Angers liegen zwei vollkommen verschiedene Spitzengebiete, zwei meiner Lieblinge: die außergewöhnliche, im Normalfall knochentrockene Appellation Savennières und die superben Süßweine der Côteaux du Layon. Doch will ich den populären Rosé d'Anjou nicht zu erwähnen vergessen: rosa, leicht trocken, erfrischend.

Savennières kann ein ziemlicher Schock sein, so trocken, so verschlossen kann er sich präsentieren, wenn er zu jung getrunken wird. Die Gesamtproduktion ist äußerst klein; die Unter-Appellation La Roche aux Moines hat mehrere Besitzer, La Coulée de Serrant gehört ganz der Familie Joly, die das Weingut mit Leidenschaft nach rein biodynamischen Gesichtspunkten führt. Der Wein ist sehr lagerfähig, zart und fein und gewinnt durch Flaschenlagerung.

Ein weiteres eigenwilliges Weingut, das einige außergewöhnliche Süßweine erzeugt, ist Moulin Touchais, von dem ich viele Jahrgänge genossen habe.

In der Appellation Côteaux du Layon wird Weißwein produziert, der beste ist halbsüß, der allerbeste kann nur in besonders guten Jahren gekeltert werden: Wenn auf einen heißen Sommer ein milder Herbst folgt. Inmitten des recht großen Gebiets lie-

Château de Tracy liegt auf dem rechten Loire-Ufer, dem Städtchen Sancerre direkt gegenüber. Hier wird ein ausgezeichneter Pouilly-Fumé erzeugt.

... zum Beispiel der Côteaux du Layon,
ein Weißwein mit Edelfäule:
Er ist wie ein guter Sauternes,
aber mit mehr Säure.

gen zwei Unterappellationen, Bonnezeaux und Quarts-de-Chaume. Außer Sonnenschein braucht es vor der Weinlese ein weiteres Requisit: Morgennebel, der vom Flüsschen Layon aufsteigt und die Botrytis-Bildung ermöglicht. Am einfachsten beschreibe ich diese Weine, indem ich sage: Sie sind wie guter Sauternes, aber mit mehr Säure.

Meine Lieblingsweingüter sind Mark Angeli, Baumard und die Châteaux de Guimonière, de Suronde, Roulez und l'Echarderie.

MUSCADET

Schließlich, auf dem Weg nach Nantes und gegen Ende der langen Reise der Loire, liegt zu beiden Seiten des Flusses ein weites Weinbaugebiet. Der Wein hat seinen Namen von der Traubensorte – Muscadet. Eher für seine Frische bekannt als für Bukett oder Geschmack, ist dieser allgegenwärtige Weißwein im besten Fall ein sehr guter Begleiter zu den köstlichen französischen Schaltieren und Meeresfrüchten, schlimmstenfalls ziemlich fad, langweilig, dünn und scharf. Ähnlich, aber oft besser im Preis-Leistungs-Verhältnis ist der Wein aus der bescheideneren Sorte Gros Plant. Ein Muscadet, auf den man sich verlassen kann, ist der Marquis de Goulaine.

Direktverkauf beim Erzeuger Guyot Père et Fils, »im Fass und auf Flaschen«.

Rechte Seite: Die Keller von Vouvray wurden vor vielen Generationen von Hand in den weichen Tuff-Felsen gehauen.

JAHRGÄNGE AN DER LOIRE

Das Klima der nördlichen Hälfte Frankreichs ist relativ kühl und wechselhaft. In weniger guten Sommern können die Weine auffällig dünn und ziemlich säurebetont sein. Obwohl besonders im Gastgewerbe die Tendenz besteht, automatisch die jüngsten auf den Markt gekommenen Jahrgänge aufzuführen, rate ich dazu, sich an die besseren Jahre zu halten. Zum Glück sind sowohl 1995 wie 1996 gut.

Bei den süßeren Weinen spielen die Jahrgänge jedoch eine extrem wichtige Rolle, weil Idealbedingungen relativ selten herrschen. Glücklicherweise halten sich die Weine der führenden Produzenten aus diesen warmen Jahren außerordentlich gut. Deswegen führe ich nur die guten Jahrgänge der feinsten Süßweine von Vouvray und Côteaux du Layon auf: 1928, 1937, 1945, 1947, 1949, 1959, 1964, 1971, 1976, 1985 und 1986; 1988, 1989, 1990 (ein seltenes Trio aufeinanderfolgender Jahrgänge, wie in Sauternes); 1995 sehr gut (für rot und weiß, süß und trocken); 1996 exzellent (besonders für Rotwein).

Im Vordergrund stehen die reifen süßen Weißweine: **Anjou Rablay 1928,** aus dem Keller der Maison Prunier, Paris. Ein großartiger Jahrgang und ein wundervoller Wein, den Monsieur Prunier im Frühjahr 1929 gekauft und im Keller seines Restaurants auf Flaschen gezogen hatte. Dann kam die Wirtschaftkrise der dreißiger Jahre, dann der Krieg. Der ganze Keller wurde zugemauert, um ihn vor den Deutschen zu verstecken. Nach dem Krieg hielt man den Wein für zu alt und aus der Mode gekommen. Ein riesiges Lager – einhundert Dutzend Flaschen und fünfzig Dutzend halbe Flaschen – wurde 1982 bei Christie's verkauft. Und nicht eine einzige schlechte Flasche darunter. Ich habe ein Glas aus einer perfekten halben Flasche vor mir, während ich dies hier schreibe: *»Farbe wie poliertes Gold; saubere Honignase, trotz des Flaschenalters typisch Chenin Blanc; halbsüß, Geschmack und Gewicht perfekt, sein Extrakt und seine Säure halten ihn lebendig.«*

Etwas einfacher aufzutreiben sind Flaschen der außerordentlich gut erhaltenen Jahrgänge von **Moulin Touchais.** Von den verschiedenen verkosteten sind 1928 und 1937 die besten; 1945 süß, eindringlich, fehlerlos; 1947 im Stil einer Beerenauslese; und 1959, der größte: *»Außergewöhnliche Nase, reich minzig, Kerzenwachs, ›firnisartig, Möbelpolitur, Zelluloid‹ notiert; süß, kraftvoll, doch nicht schwer, eindringlich, gute Länge, Geschmack nach Vanille und Karamelbonbons, hervorragender Nachgeschmack.« (Oktober 1987, aus: Broadbents Weinnotizen).*

Meine unlängst genossenen **Vouvrays** des Jahrgangs 1947 waren ein Marc Brédif und der superbe Le Haut Lieu von S. A. Huët; dann ein viel seltenerer Saumur blanc 1947, *Vendanges tardives* (Spätlese) von Gérard Neau aus einem New Yorker Keller, noch bemerkenswert schön. Unter jüngeren Jahrgängen sind zu nennen die Domaine des Aubuisières 1990 Tri des Grains Nobles und der Vouvray 1990 Moelleux Réserve von Clos Naudin im Besitz der Familie Foreau: honigartige, süße Perfektion.

Unter den vielen in letzter Zeit genossenen **Côteaux du Layon** fielen Clos Sainte Catherine von Baumard, mit seinem lieblichen Duft nach Pfirsichen und Melonen, fabelhaftem Geschmack und perfekter Balance und ein superber Chaume Château de Guimonière 1959 auf, aus der Appellation **Quarts-de-Chaume** Château de Suronde 1989.

Die Appellation mit dem schönen, attraktiven Namen **Bonnezeaux** ist die Quelle von vielen köstlichen süßen Layons, beispielsweise Cuvée Mathilda 1993 von Mark Angeli, honigartig und kraftvoll.

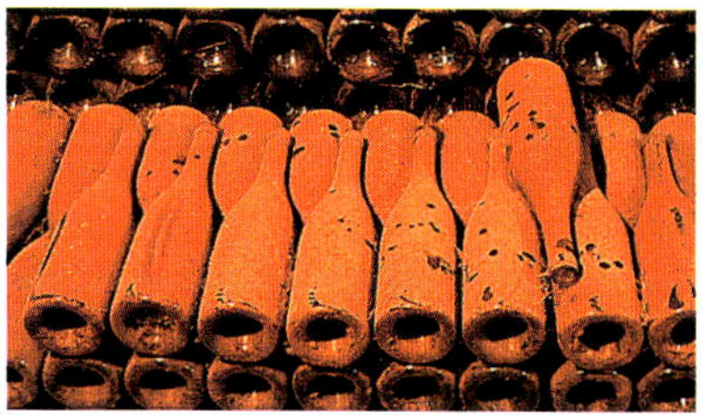

Meine Lieblings-Weine

RHONE
GEHALTVOLL UND WUCHTIG

Welch ein Kontrast zur Loire: der Fluss und seine Ufer, das Klima, die Weine ... Die Rhone entspringt in den Schweizer Alpen und ist ein rasch dahinrauschender, ja reißender Fluss, wenn sie Genf durchfließt und Frankreich entgegeneilt, wo sie sich bei Lyon mit der breiten, ruhigeren Saône vereint. In einem steilwandigen Tal strömt sie nun südwärts, an der Côte Rôtie, der Heimat des ersten der berühmtesten Rohneweine, entlang, weiter an Condrieu und Saint-Joseph vorbei. Weiter flussabwärts liegt Tain-l'Hermitage. Südlich von Valence und Montélimar, berühmt für sein Nougat, das so manchen Zahn auf dem Gewissen hat, verbreitert sich das Tal, die angrenzende Ebene mit steinigem Untergrund bildet die Heimat eines der bekanntesten Namen in der Weinwelt: Châteauneuf-du-Pape. Schließlich mündet der mächtige Strom mit mehreren Armen in einem Mississippi-Delta *en miniature*, den *Bouches du Rhône*, in den *Golfe du Lion*, das warme Mittelmeer.

Rechte Seite: Die so genannte »babylonische Gefangenschaft« der Päpste in Avignon im 14. Jahrhundert hat Spuren hinterlassen: das wuchtige »Palais des Papes« und den gehaltvollen Châteauneuf-du-Pape.

Zwar werden von Nord bis Süd ausgezeichnete und interessante Weißweine erzeugt, doch die Rotweine herrschen vor: von stilvoll und elegant über voll und fruchtig bis rund und gehaltvoll.
Sie alle wachsen in einem Abschnitt des Rhonetals, das sich von südlich der Gastronomie-Metropole Lyon bis nördlich von Avignon erstreckt. Dieses langgezogene Gebiet teilt sich aus Gründen der Geographie und des Stils der Weine in zwei Hälften. Zuerst zum nördlichen Teil: Hier sind die große, edle Rotweintraube Syrah und die feine, seltene weiße Viognier zu Hause.

Von Nord bis Süd werden an der Rhone ausgezeichnete und interessante Weißweine erzeugt, doch die Rotweine herrschen vor: von stilvoll und elegant über voll und fruchtig bis rund und gehaltvoll.

CÔTE RÔTIE

Das Gebiet mit dem treffenden Namen »Côte Rôtie« (»geröstete Hügelkette«) war bis vor kurzem eine unterschätzte Rotweinappellation mit zu tiefen Preisen, die nur relativ wenigen spezialisierten Weinhändlern und deren abenteuerlustigerem, neugierigerem und verständigerem Kundenkreis bekannt war. Wie hat sich das doch geändert! Die Côte Rôtie ist entdeckt worden, und dank der vielgerühmten Qualität von zwei, drei Produzenten sind die Weine heute gesucht und teuer. Die besten unter ihnen vereinigen gaumenfüllende Kraft mit feinem Geschmack, Charakter und über jeden Zweifel erhabener Qualität. Von tiefer Farbe, einem opaken, undurchdringlichen Purpurrot, brauchen sie Flaschenlagerung, doch die meisten werden getrunken, wenn sie noch relativ jung und munter sind. Unter den Erzeugern genießt Marcel Guigal heute ein stratosphärisches Renommee und verlangt auch dementsprechende Preise. Gut sind auch Robert Jasmin und Paul Jaboulet Aîné, der Produzent aus Tain l'Hermitage.

Ein alter, gemauerter Lagerkeller an der Côte Rôtie.

CONDRIEU

Etwas weiter flussabwärts liegt am rechten Rhone-Ufer das Gebiet der Appellation Condrieu, wo ein unverwechselbarer trockener Weißwein produziert wird. Was ihn so typisch werden lässt, ist die bereits erwähnte Viognier-Traube, die als schwierige, ja kapriziöse Sorte gilt. Obwohl sie auf dem lokalen Untergrund gut gedieh, waren bis zu Beginn der achtziger Jahre die Nachfrage so klein und die Preise so tief, dass es sich für die Weinbauern der Gegend kaum lohnte, diese Rebsorte anzubauen. Das hat sich glücklicherweise geändert, und die ungewöhnliche Sorte wird nun mit Erfolg auch auf fremden Böden angepflanzt, insbesondere in Kalifornien. Die besten Weine haben eine individuelle, eher blumige Nase, große Tiefe im Geschmack und sind, obwohl trocken, ziemlich üppig. Trinken soll man sie, so wird empfohlen, relativ jung, innerhalb von etwa sieben Jahren, je nach der Qualität des Jahrgangs. Es gab einmal eine Tradition von halbtrockenem Condrieu, die heute von dem initiativen und begabten jungen Winzer Lucien Dézormeaux wieder aufgegriffen wird.

Zu den bekanntesten Erzeugern gehören Georges Verney und J.-Y. Multier. Guigal ist auch hier ein Spitzenproduzent, sein 1993er ist cremig-süß und attraktiv.

Eine Enklave in den Hängen von Condrieu bildet Château Grillet, das sich mit 1,6 Hektaren der kleinsten individuellen *Apellation contrôlée* ganz Frankreichs rühmt. Mir scheinen die Jahrgänge zwar etwas unterschiedlich, doch die besten sind charakteristisch und tatsächlich sehr gut.

Weiter flussabwärts schließt sich Saint-Joseph an, auch dies ein einst vernachlässigtes Gebiet, wo hauptsächlich Rotwein angebaut wird. Perret, ein guter Winzer aus Condrieu, erzeugt auch einen anständigen Saint-Joseph, wie Chave, Chapoutier, Grippat, Jaboulet Aîné und andere »Ex-Partioten«, das heißt Produzenten und Firmen, deren Sitz außerhalb der Appellation Saint-Joseph liegt.

Noch 1850 figurierte mit Hermitage verschnittener Bordeaux in einem Auktionskatalog von Christie's. Ich kann meinen Leserinnen und Lesern versichern, dass solches Treiben nunmehr der Vergangenheit angehört!

TAIN-L'HERMITAGE

Auf unserer Reise rhoneabwärts erreichen wir Tain-l'Hermitage, das für mich Herz und Seele der nördlichen Rhone ist, die wahre Heimat der Syrah-Rebe. Die Weine haben Finesse und Balance und sind sehr lagerfähig. Der gute Rotwein von Hermitage ist so kräftig, dass er während einer beträchtlichen Periode seiner langen Geschichte nach Bordeaux transportiert wurde, um dem »Claret« für den englischen Markt Körper, Farbe und Rasse zu verleihen. Händler in Bordeaux und ihre Agenten in London führten so genannte »Hermitaged«-Weine, ohne selbst vor Scham zu erröten. Selbst »Lafite-Hermitaged« war nicht un-

bekannt; tatsächlich schrieb Nathaniel Johnston seinem Partner Monsieur Guestier Anfang des 19. Jahrhunderts, »der Lafite 1795, der mit Hermitage verstärkt wurde, war der beliebteste Wein dieses Jahrgangs«. Und noch 1850 figurierte mit Hermitage verschnittener Bordeaux in einem Auktionskatalog von Christie's. Ich kann meinen Leserinnen und Lesern versichern, dass solches Treiben nunmehr der Vergangenheit angehört!
Die besten Weinberge liegen an den steilen Südhängen oberhalb des Ortes Tain; auf dem Hügel selbst, etwas weiter nördlich, wachsen auf einer größeren Fläche die bescheideneren Weine

Die Rhone bei Tain-l'Hermitage. Von den Syrah-Reben dieses Weinbergs kommt einer der kraftvollsten Rotweine der nördlichen Rhone.

Wie die übrigen Weine der nördlichen Rhone wurde auch der beste rote Hermitage bis vor ganz kurzer Zeit unter seinem Wert gehandelt. Niemand kellerte ihn ein, und nicht einmal für die größten Rotweine gab es einen Markt.

von Crozes-Hermitage. Zwei große Familien beherrschen Tain-l'Hermitage: Chapoutier und Paul Jaboulet Aîné. Leider wurde der angesehene Gérard Jaboulet im Sommer 1997 durch eine Herzattacke mitten aus dem Leben gerissen. Mit Chapoutier war ich in meiner frühesten Zeit im Weinhandel vertrauter, weil der Londoner Agent ein Freund war, der mich jungen Mann nicht nur zu seinen regelmäßigen Degustationen einlud, sondern mich auch auf eine seiner Einkaufsreisen – im Zug – nach Tain mitnahm. Chapoutier durchlief ein, zwei heikle Phasen, darunter – gottseidank nur für kurze Zeit, denn es war ein Riesenfehler – die ausschließliche Produktion und Vermarktung von Weinen ohne Jahrgangsbezeichnung.

Wie die übrigen Weine der nördlichen Rhone wurde auch der beste rote Hermitage bis vor ganz kurzer Zeit unter seinem Wert gehandelt. Denn trotz seiner unzweifelhaften Lagerfähigkeit kellerte niemand ihn wirklich ein, und nicht einmal für die größten reifen Rotweine gab es einen Markt. Auch die besten Jahrgänge

»Familientreffen« von Chapoutier.

der konstant guten »La Chapelle« von Jaboulet Aîné konnte man zu einem sehr bescheidenen Preis erstehen. Jetzt allerdings ist der 1961er sein Gewicht in Gold wert.

Auch weißer Hermitage kann ein ausgezeichneter Wein sein, schwierig zu beschreiben, aber völlig verschieden von weißem Burgunder, der doch nicht weit nördlich davon erzeugt wird, und ein großer Kontrast zu den floraleren, säurebetonten Loire-Weinen. In diesem Abschnitt der Rhone wird eine andere Rebsorte angebaut, nicht Viognier, sondern hauptsächlich Marsanne. Einige kleinere Produzenten wie Grippat verwenden zu 100% Marsanne, Chave ungefähr zu 85%, aber der bekanntere »Chevalier der Stérimberg« besteht nur zu 55% aus Marsanne, der Rest ist Roussanne, die auf demselben Hügel wächst.
Ein guter weißer Hermitage sollte eine blasse, doch positive gelbe Farbe haben, ein Bukett, das für mich manchmal einen Hauch von Zitrone hat, am Gaumen trocken, aber nicht zu trocken, fest, aber nicht hart, von mittlerem Gewicht und mit einem guten, trockenen, aber nicht sauren Abgang.
Neben den bereits erwähnten Produzenten sind Delas, ein weiteres Mal Guigal, Marc Sorrell und – wenngleich vor der Übernahme durch Guigal nicht mein Liebling – Vidal-Fleury zu nennen.

Wir überqueren den Fluss und nehmen die Straße flussabwärts. Kurz bevor man die Stadt Valence erreicht, fährt man durch Cornas, eine kleine Appellation, die ich mit kräftigem Rotwein assoziiere; der beste Produzent ist Auguste Clape. An Cornas schließt die Appellation Saint-Péray an, deren »sahniger« Schaumwein im letzten Jahrhundert deutlich beliebter war als heute, wie man an den Katalogen von Christie's um 1830–1840 sehen kann. Hier beginnt das Gebiet der südlichen Rhone, das enge, steilwandige Tal öffnet sich in eine weite, doch hügelige Landschaft, in deren Herz Châteauneuf-du-Pape liegt.

Die Weinberge – fast hätte ich gesagt »Steinberge« – von Châteauneuf-du-Pape sind ein wahrer »Speicherofen« für die kräftige Sonne Südfrankreichs.

Im Süden Frankreichs gibt es so manches zu entdecken: nordöstlich von Châteauneuf-du-Pape die Apellationen Gigondas, Vacqueyras und Beaumes-de-Venise, im Westen, zwischen Narbonne und Carcassonne, die Appellationen Minervois und Corbières.

CHÂTEAUNEUF DU-PAPE

Hier ist alles anders. Anstatt einer einzigen Haupt-Rebensorte sind bis zu dreizehn verschiedene zugelassen. Viele Weinberge sind wesentlich größer, die Reben wachsen auf außerordentlich steinigem Boden. Ich erinnere mich an meinen ersten Besuch auf der Domaine de Mont-Redon im Sommer 1960, kurz nachdem ich die Prüfung zum »Master of Wine« bestanden hatte. Die Reben wuchsen in einem Boden (sie drückten und pressten sich vielmehr eher durch), der aus riesigen Geröllsteinen bestand, die tagsüber die Sonnenhitze speicherten und sie nachts als eigentliche »Speicheröfen« abgaben, sodass die Trauben von

oben und unten erwärmt wurden! Kein Wunder, reiften sie so gut aus und waren prallvoll mit Zucker, der für einen kräftigen Alkoholgehalt sorgte. Ich ließ ein, zwei mittelgroße, schön gerundete Steine mitlaufen und benutze noch heute einen davon als Türstopper in meinem Büro. Jedenfalls ist das Resultat der Sommerhitze und der »Geröll-Speicheröfen« ein Rotwein von tiefer Farbe, kräftig, üppig, rund, reif und alkoholreich. In Châteauneuf wird auch ein wenig Weißwein erzeugt, der in besonders heißen Jahren, wen wundert's, deutlich süß sein kann.

Unter den vielen exzellenten Weingütern von Châteauneuf finden wir die folgenden seltsamen Namen: Domaine du Vieux Télégraphe, de la Solitude, de Beaurenard, de Nalys und eine Domaine von ehrwürdigem Alter – Château La Nerthe. Ich erinnere mich, mehrere Flaschen »Lanerthe« des Jahrgangs 1825 verkostet zu haben, die Mitte der siebziger Jahre aus einem Keller bei Lyon zu zwei Auktionen von Heublein Inc. nach Amerika gegeben wurden. Sie gingen von säurebetont, aber trinkbar bis scharf und oxidiert, waren aber interessant. Clos du Mont-Olivet genießt einen hervorragenden Ruf, Clos des Papes ebenso, und Château Rayas habe ich in guter Erinnerung, insbesondere den herrlichen 1969er: *»Beeindruckend schöne Farbe; reiche, würzige Nase; ›süß‹, körperreich, vorzüglicher Geschmack und Abgang.«* (*März 1980, aus: Broadbents Weinnotizen*).

Südwestlich von Châteauneuf liegt das Gebiet der Appellation Tavel mit ihrem etwas überschätzten Rosé, nordöstlich davon Gigondas und Vacqueyras, die angenehm fruchtige, jung zu trinkende Rotweine produzieren, und Beaumes-de-Venise, bestens bekannt für seinen attraktiven, bernsteinfarbenen Süßwein in einer vernünftigen Preislage, einen der wenigen »Dessertweine«, die, im Gegensatz zu einem feinen Sauternes, durch üppige Nachspeisen nicht erschlagen werden.

Bevor wir die Gegend verlassen, muss ich noch zwei hervorragende Güter erwähnen, deren Weine ich sehr mag. Das eine ist Prieuré de Saint-Jean de Bebian im Languedoc, nördlich von Pézenas; das andere, nicht weit davon entfernt, ist das jetzt berühmte Mas de Daumas Gassac, wo mein Freund Aimé Guibert die Syrah-Traube und verwandte Sorten zu einem höchst originellen und charakteristischen Rotwein keltert und aus einer Mischung mit Schwerpunkt auf Chardonnay einen spektakulären Weißwein erzeugt.

Weiter westlich und südlich, entlang dem *Golfe du Lion*, liegen die Gebiete der beiden großen, guten Appellationen Minervois und Corbières. Die Landschaft von Corbières liebe ich besonders, weil sie so wild und unberührt ist. Zugegeben, beide sind von der Rhone ziemlich weit entfernt, ebenso Banyuls, wo exzellenter, üppiger Dessertwein produziert wird. Ich möchte dieses Kapitel mit einem letzten Sprung Richtung Osten, über die *Bouches du Rhône* und Marseille hinaus nach Toulon, abschließen. Die Appellation Bandol an der Küste ist verdientermaßen bekannt für ihren Rotwein; die Appellation Côtes de Provence östlich davon und im Hinterland produziert neben einer gewaltigen Bandbreite größtenteils bescheidenerer Weine, die man am besten an Ort und Stelle trinkt, die beliebten, oft überteuerten Rosés in Flaschen, deren ausgefallene Formen an die Coca-Cola-Flasche erinnern. Ein Produzent jedoch ist eine Erwähnung wert: Domaine Ott. Interessanterweise hat der Rosé volleren Geschmack, wenn er *nicht* eiskalt serviert wird. Probieren Sie ihn!

Jacques Reynaud, der legendäre Erzeuger von Château Rayas in Châteauneuf-du-Pape.

Das langgezogene Rhonetal teilt sich aus Gründen der Geographie und des Stils der Weine in zwei Hälften: im Norden die »Côte Rôtie«, Condrieu und Hermitage, im Süden Châteauneuf-du-Pape.

ROTWEIN-JAHRGÄNGE DER RHONE

Nördliches Rhonetal, Côte Rôtie, Hermitage: 1945, 1947, 1949, 1952, 1953, 1955, 1957, 1979 alle gut; 1961 hervorragend; 1964, 1966, 1967 gut; 1969 exzellent; 1971, 1976 sehr gut; 1978 exzellent, lagerfähig; 1982 unterschiedlich, 1983 ausgezeichnet, 1984 recht gut, 1985 ausgezeichnet, 1986 mittelmäßig, 1987 schlecht, außer Côte Rôtie; 1988 gut, 1989 sehr gut, vor allem Côte Rôtie; 1990 exzellent, lagerfähig, 1991 mittelmäßig, 1992 trotz nassem und stürmischem Wetter einige recht gute Weine; 1993 schwerer Regen zur Erntezeit (die Weißweine sind am besten); 1994 wieder eine vielversprechende, reiche Ernte durch schweren Regenfall beeinträchtigt, doch dank strenger Selektion erzeugten die Spitzenproduzenten guten Wein; 1995 sehr erfolgreich; 1996 schwankend, zum Teil recht gut.

Südliches Rhonetal, Châteauneuf-du-Pape: Klassische Nachkriegsjahrgänge ähnlich wie im Norden, 1962 besser, 1969 gut, 1970 gut, 1971 sehr gut, 1972 und 1973 besser als im Norden, 1976 weniger gut, 1978 exzellent, 1979 und 1980 recht gut, 1981 reich, konzentriert, 1982 große Ernte, die besten sehr gut, 1983 exzellent, jetzt perfekt, 1984 mittelmäßig, 1985 ausgezeichnet, 1986 Tannin, gut, 1987 schlecht, 1988 und 1989 sehr gut, 1990 ausgezeichnet. 1991 kleine Ernte, leichte Weine; 1992 trotz unterschiedlicher Bedingungen einige gute Weine; 1993 recht gut, erfolgreicher als der Norden; 1994 brennend heißer Sommer, dem schwere Regenfälle folgten – nur die besten Produzenten machten gute Weine; 1995 sehr gut; 1996 dünn wegen Regen, wieder waren nur die besten Winzer erfolgreich.

Meine Lieblings-Weine

1929 Hermitage (Chave) schöne, reife Farbe, verblasst, aber dennoch faszinierend.
1949 Hermitage, La Chapelle (Jaboulet) perfekt in Gleichgewicht und Zustand.
1952 Hermitage (Chave) noch immer schön.
1961 Côte Rôtie (Jaboulet) wuchtig und großartig.
1961 Hermitage, La Chapelle (Jaboulet): *»Erstmals 1967 verkostet: ›ein schöner stämmiger Wein‹. 1983 immer noch starkfarben, ›süß‹, voller Frucht. Im Alter von über 30 Jahren immer noch sehr tief; Maulbeer- und Pflaumennase, die reiche Fülle erinnerte mich an den 61er Pétrus oder einen Trotanoy; am Gaumen sehr ›süß‹, körperreich, weich, samtig, teeriger Geschmack. Phantastisch. Eine Flasche auf dem Höhepunkt.« (Oktober 1993, aus: Broadbents Weinnotizen).*
Einer der perfektesten Rotweine von der Rhone, noch immer voller Leben.
1966 Châteauneuf-de-Gadagne, Domaine de La Chapelle, ein bemerkenswerte altes Côtes-du-Rhône-Weingut östlich von Avignon.
1969 Châteauneuf-du-Pape, Château Rayas.
1969 Hermitage (Chave *und* Guigal) beide fabelhaft.
1971 Côte Rôtie, Les Jumelles (Jaboulet) reich, würzig.
1971 Hermitage (Chave) und La Chapelle (Jaboulet) beide exzellent.
1976 Cornas (Clape).
1978 vor allem die Côte-Rôtie-Weine von Emile Champet und Jaboulet und die herausragende Brune et Blonde und die Einzellagen La Mouline und La Landonne von Guigal.
1978 Hermitage, La Chapelle und Cornas (beide von Jaboulet).
1982 leider zu viele, um sie aufzuzählen; darunter überraschenderweise ein Gigondas, Domaine Saint-Gayon, und, weniger überraschend, der Châteauneuf-du-Pape Domaine du Vieux Télégraphe.
1983 auch viele, darunter Hermitage, La Tourette (Delas) und natürlich alle von Guigal und Jaboulet.
1985 Châteauneuf-du-Pape, Beaucastel, opake, undurchdringliche Farbe, immenser Gehalt.
1985 Cornas (A. Clape) wunderbar weiche, reife Frucht.
1985 Côte Rôtie von Champet, Jasmin, Vidal-Fleury, Jaboulet und natürlich Guigal.
1990 Châteauneuf-du-Pape, Clos des Papes (Avril) reich, reif und gaumenfüllend.

1990 Côte Rôtie, La Turque (Guigal).
1990 »Ermitage«, Le Pavillon (Chapoutier).
1991 Condrieu (Guigal).
1993 Weißer Châteauneuf-du-Pape (Domaine Beaurenard); weißem Châteauneuf begegne ich selten. Dieser war köstlich.

ELSASS
RHEINWEIN AUS FRANKREICH

Zu Beginn des Kapitels über die Loire habe ich das Elsass als »Frankreichs Außenseiter« bezeichnet. Weshalb? Aus mehreren Gründen: Die angebauten Rebsorten und die hohen, schlanken Flaschen sind eher deutsch als französisch. Auch wurden die Weine – zumindest bis vor kurzem – in erster Linie unter der Sortenbezeichnung gehandelt, und nicht, wie sonst in Frankreich üblich, unter dem Namen der Gemeinde und des Weinbergs. Der Name des Erzeugers ist im Elsass der andere, eigentlich wichtigste Bestandteil des Etiketts. Frankreich hat viele schöne Weingegenden, aber keine ist meiner Meinung nach schöner als das Elsass. Die Weindörfer, allen voran Riquewihr, das berühmteste, sind unglaublich hübsch, die Weine erschließen sich einfach und die Küche dieser Ecke Frankreichs ist zu Recht berühmt.

Rechte Seite: Charakteristisches Straßenbild eines Elsässer Weindorfs, hier in Eguisheim, das auch für seine Räucherspezialitäten bekannt ist (unten).

Tatsächlich war das ungewohnt reichhaltige, ja üppige Essen, wie ich schon im Burgunderkapitel erwähnte, einmal mein Untergang. Es überschattete meinen ersten Besuch im Elsass, das 1958 nach der Champagne die zweite Etappe auf einer Weinreise durch Frankreich war. Doch obwohl ich mich (am Tag nach einem großen Diner in Colmar) zu unwohl fühlte, um mit unseren Gastgebern, der Familie Hugel, das Städtchen Riquewihr zu besichtigen und an einer Degustation teilzunehmen, war ich von der Architektur des anheimelnden Städtchens bezaubert. Oft bin ich seither zurückgekehrt, und nie hat Riquewihr seinen Zauber verloren, obwohl es auf ersten Blick beinahe allzu sehr nach einem Disneyland-Städtchen aussieht,

CHAMBRES
ZIMMER
CHEZ Roger
HASSENFORDER
BRASSERIE
HOTEL
BRASSERIE
RESTAURANT
CHAMBRES
ZIMMER
HASSENFORDER
RESTAURANT
WINSTUB
HASSENFORDER

Ich fand die Elsässer Weine schon immer vollkommen verlässlich und im mittleren Preisbereich mehr als ihr Geld wert. Heute werden Weine erzeugt, die endlich die Aufmerksamkeit ernsthafter Weinliebhaber in der ganzen Welt auf sich ziehen.

um wahr zu sein, und trotz der schier endlosen Busladungen gaffender Touristen.

Eine Bemerkung im Voraus: Ich fand die Elsässer Weine schon immer vollkommen ehrlich, verlässlich und im mittleren Preisbereich mehr als ihr Geld wert. Leider ließen sie sich trotzdem lange Zeit nicht leicht verkaufen, doch heute werden dank einer Handvoll begabter und unternehmerischer Produzenten Weine von so herausragender Qualität erzeugt, dass sie endlich die Aufmerksamkeit ernsthafter Weinliebhaber in der ganzen Welt auf sich ziehen.

ELSÄSSER, DER FRANZÖSISCHE RHEINWEIN

Geographisch ist das Elsass eine Art Niemandsland. Für die Franzosen ist es ein nördliches Weinbaugebiet, ungefähr auf demselben Breitengrad wie die Champagne; für die Deutschen liegt es im Süden, denn es bildet die Fortsetzung der Pfalz und liegt Baden gegenüber. Eine natürliche geographische Grenze bildet der überraschend hohe Gebirgszug der Vogesen, der in nord-südlicher Richtung verläuft und die Weinberge, die an seiner Ostflanke liegen, klimatisch schützt. Die andere geographische Grenze, der Rhein, ist zugleich die Staatsgrenze zwischen Frankreich und Deutschland. Mag dies auch ein wenig kompliziert klingen, ein einziger Blick auf eine Landkarte verschafft rasch Übersicht.

Ungeachtet seiner Nachbarschaft zum Rheinland und trotz gelegentlicher deutscher Besetzung ist das Elsass eindeutig französisch, und die Art, wie die Traubensorten mit den vertrauten deutschen Namen behandelt werden, ist vollkommen anders und sehr französisch. Der Riesling zum Beispiel ergibt in den Händen eines deutschen Winzers eine zarte Verbindung von Frucht und Säure mit oft überraschend niedrigem Alkoholgehalt, während der Elsässer Riesling für gewöhnlich ein substanziellerer, alkoholreicherer Tischwein ist. Schließlich trinken die Franzosen ihren Wein zum Essen.

Nein, Elsässer ist anders. Und auf seine Weise exzellent.

REBSORTEN UND WEINSTILE

Das Elsass ist im Wesentlichen eine Weißweinregion, auch wenn da und dort etwas Rotwein, Rosé und Schaumwein erzeugt werden.

Die fünf wichtigsten Traubensorten sind Riesling, Gewurztraminer (in Frankreich ohne Umlaut), Tokay Pinot Gris, Muscat (Muskateller) und Sylvaner. Sie werden niemals verschnitten, und die Weine sind nach meiner Erfahrung stets sortentypisch; Unterschiede sind eher eine Frage der Qualität und des Stils eines einzelnen Erzeugers als der Appellation oder des Bodens, obwohl ich auf diese letzte Bemerkung weiter unten zurückkommen muss.

Doch zunächst will ich die beiden »edlen« Sorten vorstellen.

Riesling: Eine immens wichtige Sorte, die feine, feste, duftige, trockene Weine ergibt; in entsprechenden Jahren – und in geschickten Händen – ergeben spät gelesene Trauben süßere Weine, die den deutschen Spätlesen und Beerenauslesen entsprechen, ja sogar darüber hinaus gehen können.

Ein typisches Erntebild im Elsass.

Geographisch ist das Elsass eine Art Niemandsland. Für die Franzosen ist es ein nördliches Weinbaugebiet, fast auf demselben Breitengrad wie die Champagne; für die Deutschen liegt es im Süden, bildet die Fortsetzung der Pfalz und liegt Baden gegenüber.

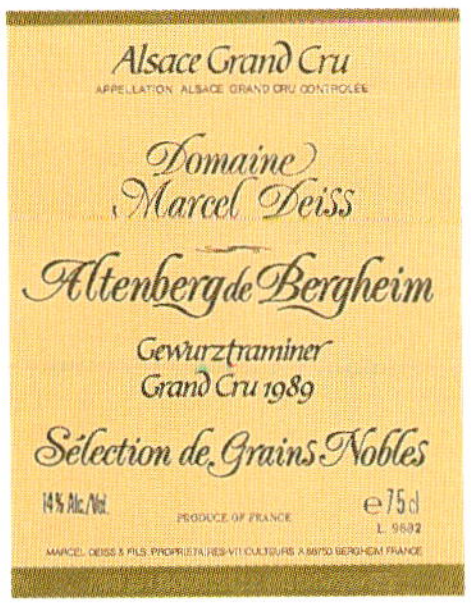

Die Spitzenweine von großer Konzentration und Schönheit gewinnen durch, ja brauchen zumeist Flaschenlagerung und werden als *Sélection des Grains Nobles*, oft »S. G. N.« abgekürzt, bezeichnet.

Im Erscheinungsbild ist ein guter junger Riesling von blassgelber Farbe, üblicherweise mit einer deutlichen Spur von Grün; in der Nase leicht traubig, floral; trocken, recht körperreich, mit 12,5–13,5% Alkoholgehalt, guter Konsistenz, Länge und nicht zu saurem Abgang.

Rechte Seite: In diesem wahrhaft würdigen Fass reifte der Tokay Pinot Gris 1991 Clos Jebsal S. G. N. von Zind-Humbrecht (s. Seite 99).

Gewurztraminer: Der Wein aus dieser etwas exotischen, wie schon der Name sagt, würzigen Traube hat nirgendwo sonst ein exaktes Gegenstück. In Deutschland wird die Sorte mit Umlaut geschrieben – Gewürztraminer – und ergibt besonders in der Pfalz attraktive Weine, die aber im Stil vollkommen anders sind; und selten ist dem Gewurztraminer, etwa in der Neuen Welt, ein vergleichbarer Erfolg beschieden.

Wie beim Riesling variieren Qualität und Stil von Erzeuger zu Erzeuger, doch in mancherlei Hinsicht ist Gewurztraminer am einfachsten zu beschreiben, weil sein sehr charakteristischer Geruch

Ein gepflegter Rebberg von Léon Beyer in Eguisheim.

Clos Jebsal
TOKAY
170°
23.10
3.3.S.
91
1963
OLIVIER-MARGARET
HUMBRECHT
1935
LEONARD-GENEVIEVE
SONTAG
HUMBRECHT
1620
12.8.1989

Die fünf wichtigsten Traubensorten im Elsass sind Riesling, Gewurztraminer, Tokay Pinot Gris, Muscat und Sylvaner. Sie werden niemals verschnitten, und die Weine sind nach meiner Erfahrung stets sortentypisch.

und Geschmack Variationen ein und desselben Themas darstellen. Zunächst sein Erscheinungsbild: blassgelb, häufig gelber als Riesling von gleichem Jahrgang und Alter. Wie bei Sauternes und deutschen Beerenauslesen kann die Farbe gehaltvollerer Gewurztraminer, insbesondere eine S. G. N. eines reifen Jahrgangs, ein kräftiges Goldgelb annehmen, das mit zunehmendem Alter noch tiefere Goldtöne annimmt.

Die Nase ist typisch und sofort erkennbar; sie spielt zwischen Lychee (Litschipflaume) und Rosenpastillen. Gewurztraminer ist einer der parfümiertesten Weine, eher mit dem Charakter eines Gesichtspuders für Damen als der Fruchtigkeit von Trauben. Zuweilen kann er ein wenig grob und aufdringlich sein, doch der Duft von bestem Gewurztraminer ist unbeschreiblich exquisit und komplex.

Am Gaumen reicht er von trocken bis halbtrocken, doch spät gelesener Gewurztraminer kann reich sein und eine exotische Note haben. Der Geschmack spiegelt das Parfum wider. Wenn der Durchschnitts-Gewurztraminer einen Fehler hat, dann den, dass er etwas schwerfällig und plump sein kann – sein harter, kurzer Abgang ist kein Ersatz für das Säurespiel anderer Weißweine. Und dieser Säuremangel, in der Traube wie im Wein, kann einen das Interesse nach einigen Gläsern verlieren lassen, wenn der Wein nicht von der feinsten Qualität ist.

Tokay Pinot Gris: Früher wurde diese Sorte einfach »Tokay d'Alsace« genannt, was verwirrend war, weil sie mit dem ungarischen Tokaier nicht verwandt ist. Auch unter der Bezeichnung Tokay Pinot Gris brauchte der Wein eine Weile, bis er bekannt wurde. Bis vor kurzem neigte man dazu, ihn zu ignorieren, er wurde infolgedessen auch im Preis unterbewertet. Ich erinnere mich gut, wie ich bei einem unserer jährlichen Besuche von Les Prés d'Eugénie einen 1983er Tokay Pinot Gris von Kuentz-Bas auf Michel Guérards sonst recht teurer Weinkarte entdeckte. Er hatte während mehrerer Jahre zum selben Preis auf der

Karte gestanden; niemand hatte ihn je bestellt – außer mir! Doch er hatte dank der Flaschenlagerung gewonnen und war mit zwölf bis vierzehn Jahren die Perfektion in Reinkultur!
Endlich haben sachverständige Weinliebhaber den Tokay Pinot Gris entdeckt, und Spitzenrestaurants beginnen ihn auf ihren Karten zu führen, leider zu stetig steigenden Preisen. Der Grund: Sein Stil vermeidet die offensichtliche fruchtige Säure des Rieslings und das alles übertönende Parfum des Gewurztraminers. Ein guter Tokay Pinot Gris ist von normaler blassgelber Farbe, sein Nase ist attraktiv, aber unauffällig und nicht leicht zu definieren; und er ist verlässlich trocken, mit einem durch und durch befriedigenden, unaufdringlichen Geschmack und dem richtigen Quantum Säure, weder zu viel, noch zu wenig. Ein Wein zum Essen *par excellence*, das elsässische Gegenstück eines guten weißen Burgunders. Und wie bei guten weißen Burgundern kann der Alkoholgehalt überraschend hoch sein, für mich manchmal fast zu hoch, zu schwer, er kann zu rasch in den Kopf steigen. Doch die *Sélection des Grains Nobles*-Weine sind exzellent.

Muscat, deutsch Muskateller, ist eine weitere eigenartige und sehr charakteristische Elsässer Sorte. Das Erscheinungsbild ist nicht außergewöhnlich, die übliche blassgelbe Farbe, doch die Nase kann aufsehenerregend sein: ein exotischer, sehr traubiger Duft, der einen ähnlich reichen Muskatgeschmack vorausahnen lässt. Die nächste Überraschung, zuweilen tatsächlich ein Schock: Der Wein kann am Gaumen knochentrocken sein und so streng wie Savennières von der Loire. Aber nicht immer, das hängt vom Erzeuger ab. Ein aufregender Wein, wert, entdeckt zu werden.

Sylvaner: Weit unter der edlen Qualität eines Rieslings oder Gewurztraminers, ergibt die Sylvanertraube im Elsass einen recht gefälligen, unprätentiösen Wein zu einem vernünftigen Preis.

Das Elsass ist reich an stillen, idyllischen Winkeln, und Weinberge beherrschen über weite Strecken das Bild.

Vins fins d'Alsace
DE
PROPRE RÉCOLTE
Eaux-de-Vie
DISTILLATION
ARTISANALE

DIE HÖHEREN QUALITÄTS-STUFEN

Obwohl einige alteingesessene Produzenten wie Hugel schon seit Langem Weine aus spät gelesenen Trauben keltern, wird die Qualität dieser Weine erst seit den letzten zehn, fünfzehn Jahren zunehmend geschätzt. Heute gibt es von den drei Spitzensorten (Riesling, Gewurztraminer und Tokay Pinot Gris) eine große Auswahl an Weinen im Stil einer Beerenauslese zu entsprechend hohen Preisen.

Eine weitere fraglos begrüßenswerte Entwicklung ist die Klassierung der besten *Grand Cru*-Lagen. Sie ist noch so jung, dass sie manche Leserinnen und Leser vielleicht zu überraschen vermag.

Warum erst jetzt? Warum nicht schon vor vielen Jahren? Das hat mit der langen, eher traurigen und äußerst wechselhaften Geschichte der Region zu tun. Bis weit in unser Jahrhundert hinein galt das Elsass als Anbaugebiet von Weinen minderer Qualität mit dürftigen Rebsorten. Anstrengungen zur Verbesserung der Qualität begannen in den dreißiger Jahren, zu den Pionieren gehörte die allgegenwärtige Familie Hugel, aber erst in den Sechzigern begann der Einsatz der führenden Familien und Firmen Früchte zu tragen. Es brauchte lange Zeit, um den Markt zu überzeugen, doch das Auftreten herausragender Qualitätsweine aus *Grand Cru*-Lagen bis zum S. G. N.-Standard hat das Image und Ansehen der Elsässer Weine endlich entscheidend gehoben.

Um ihre Weine bekannt zu machen, sind die Elsässer Produzenten, wie ihre Kollegen und Konkurrenten in Burgund, Bordeaux und anderen Regionen, in einer publikumsträchtigen *Confrérie*, hier *de Saint-Etienne*, zusammengeschlossen. An regelmäßigen Treffen werden Weinliebhaber inthronisiert, es folgt ein üppiges Diner auf dem Château de Kientzheim. Ein großes Vergnügen: gut für das Elsass, gut für den Elsässer Wein.

Burgruine oberhalb von Kaysersberg, dem Geburtsort Albert Schweitzers.

Linke Seite: In lauschigen Hinterhöfen wie diesem werden Elsässer Weine und Obstbrände im Direktverkauf gehandelt.

Lange Erfahrung mit Elsässer Weinen lässt mich behaupten: Ein Etikett, das eine der unten aufgeführten Bezeichnungen trägt, garantiert für einen Wein von höchster Qualität.

EINIGE DER BESTEN WEINLAGEN

Wie bereits erwähnt, war es im Elsass weder Tradition noch üblich, auf dem Etikett den Weinberg anzugeben, ja nicht einmal die Gemeinde tauchte auf, obwohl die Besitzer von Spitzenlagen die Qualität ihres Traubenguts sehr wohl kannten und das beste für ihre teuersten Weine zurückbehielten. Diese wurden als *Réserve Exceptionnelle Sélection Première*, *Réserve Cuvée*, manchmal auch einfach als *Grand Cru* oder *Cuvée Particulière* etikettiert, Bezeichnungen, die nur dann eine Bedeutung hatten, wenn man den Ruf des Erzeugers kannte. Zusätzliche Hinweise auf die Qualität und die Süße kamen erst nach dem Zweiten Weltkrieg auf; die früheste »S. G. N.«, die ich bemerkte, stammte von 1945, aber ich glaube, diese Bezeichnung wurde dem Etikett zu einem späteren Zeitpunkt hinzugefügt. Die Bezeichnungen »Auslese« und »Beerenauslese« bemerkte ich 1973 zum ersten Mal, auf dem Jahrgang 1961.

Zu den frühesten Erlebnissen gehört **Clos Saint-Landelin**, denn meine Freunde bei Hellmers, dem englischen Agenten, führten den Wein regelmäßig, von welchem ich seit Mitte der fünfziger Jahre manchen schönen Jahrgang verkostet habe, besonders den 1971er und den 1985er: *»1985 – ein ›Knüller‹: Goldgelb, mit einer Spur Orange; reich, erdig, duftende Gewurztraminer-Note; halbsüß, 15,8% Alkohol, fast zu stark zum Trinken, Beeindruckend.« (September 1988, aus: Broadbents Weinnotizen).*

Eine weitere hervorragende Lage, **Clos Sainte-Hune**, die der Familie Trimbach gehört, rangiert hoch in meinen Notizbüchern, ebenso der 1978er **Clos Saint-Urbain** von Zind-Humbrecht. Zu den Spitzen-*Cuvées* gehören **Seigneurs de Ribeaupierre** und **Cuvée Anne** von Schlumberger, beide aus dem Jahrgang 1971, die ich Mitte der siebziger Jahre zum ersten Mal verkostete. Gut sind auch **Ecaillers** von Beyer und **Cuvée Sainte Catherine Domaine Weinbach** von Faller.

Die Spitzenlagen wurden einzeln festgelegt, die erste, die ich degustierte und bewertete, war die heute berühmte Lage **Rangen** bei Thann von Zind-Humbrecht, die 1976 als erste klassiert wurde, und **Schoenberg** von Dopff au Moulin, beides 1981er.

Andere Spitzenlagen, die auf dem Etikett erwähnt werden: **Brandberg**, heute schlicht Brand, **Moenchberg**, **Kitterlé**, **Schlossberg**, **Hengst**, **Rodelsberg** und **Saering**. Aus langer Erfahrung mit Elsässern kann ich sagen: Ein Etikett, das eine dieser Bezeichnungen trägt, garantiert für einen Wein von höchster Qualität.

DIE PRODUZENTEN

Weinbau und Weinerzeugung liegt in den Händen einer Zahl von ausgezeichneten Firmen, die meisten in Familienbesitz, und einiger äußerst kompetenter Genossenschaften. Unbestritten gibt eine Handvoll Einzelproduzenten und alteingesessene Familien den Ton an. Zu denen, die ich kenne und sehr schätze, gehören Beyer, Bott-Geyl, Blanck, Boeckel, Hugel, Preiss-Henny, Schaller, Sparr, Trimbach, Willm und Domaine Weinbach. Der Name des Erzeugers ist also ganz entscheidend. Einige meiner liebsten möchte ich Ihnen im Folgenden etwas näher beschreiben.

Schlumberger: exzellente Qualität und vollständig zuverlässig. Ihr bester Wein, Cuvée Anne, wird nur in den größten Jahren gewonnen, wenn die *Grand Cru*-Trauben zu 100% geerntet werden können.

Hugel: Aus mehreren Gründen taucht der Name der alten Familienfirma Hugel in meinen Notizbüchern so häufig auf: Erstens einmal hat sie viel unternommen, um den Elsässer als Qualitätswein zu etablieren, insbesondere in der Pionierzeit der dreißiger Jahre und nach dem Krieg. Zweitens gehörte sie zu den ersten Firmen – und war mit Sicherheit die aktivste und wichtigste –, die ihre Weine nach England und in die Vereinigten Staaten exportierte; sowohl der Name wie das unverwechselbare gelbe Etikett waren dem Handel und der Kundschaft nach kurzer Zeit ein Begriff. Drittens sind sie alte Freunde, und ich erinnere mich mit besonderer Freude an ihren 350. Geburtstag, den ich 1989 mitfeiern durfte.

Das Wappen der Familie Hugel, deren Stammbaum sich bis ins Jahr 1639 zurückverfolgen lässt.

Trimbach: Eine weitere hochangesehene Familienfirma; ihre Weine sind für mich von einer köstlichen Delikatesse.

Faller: Ihre Domaine Weinbach ist in England etwas weniger bekannt, genießt aber einen guten Ruf. Geführt wird das Gut bemerkenswerterweise von einem Damen-Trio, Mme Faller und ihren beiden Töchtern, Catherine und der brillanten Laurence, die jetzt für die Erzeugung dieses feinen, delikaten und sehr sauberen Weins allein verantwortlich ist.

GROSSE JAHRGÄNGE IM ELSASS

Alle Sylvaner, die meisten Rieslinge und Gewurztraminer schmecken jung getrunken am besten. Die Spitzenweine aus spät gelesenen Trauben, vor allem die »S. G. N.« (*Sélection Grains Nobles*) profitieren von der Flaschenlagerung und halten sich gut.

Große, klassische Jahrgänge, die noch sehr gut sein können: 1921, 1937, 1945, 1947, 1949, 1952, 1959, 1961, 1964, 1967.

Spitzenjahrgänge aus spät gelesenen Trauben, jetzt voll ausgereift, noch immer exzellent: 1971, 1976, einige 1978er, 1981, 1983, 1985, 1986, 1988.

S. G. N.-Weine, die schon reif sind, aber noch ein langes Leben vor sich haben: 1989, 1990, 1992, 1993 – kleine Ernte; 1994; 1995 sehr gut insbesondere für Riesling; 1996 schwankend, hervorragender Tokay Pinot Gris.

Zind-Humbrecht: Heute fraglos im Vordergrund. Obwohl sie seit mehreren Jahrzehnten guten Wein produzierten, haben sie erst in jüngster Zeit unter der glänzenden Führung von Olivier Humbrecht »Schlagzeilen gemacht«, dem ersten Franzosen, der die anspruchsvolle englische Master-of-Wine-Prüfung bestanden hat. Zind-Humbrecht ist auch ein Vorkämpfer der *Grand Cru*-Spitzenlagen. Was sind die Geheimnisse ihres Erfolgs? Ein sehr kleiner Ertrag (*Rendement*), rigoroser Rückschnitt und Auslese bei der Ernte, größte Sorgfalt bei der Vinifikation.

Andere Produzenten, deren Weine ich von Zeit zu Zeit genoss: Dietrich, Dopff & Irion, Dopff au Moulin, Gisselbrecht, Marc Kreydenweiss, Kuehn, Kuentz-Bas, Lorentz, Muré, Preiss-Zimmer, Rolly-Gassmann, R. Schmitt und Wolfberger.

1865 Tokay d'Alsace (Hugel): Unglaublich gut, honigartiges Traubenbukett, keine Anzeichen von Verfall. Eine von nur fünf im Keller verbliebenen Flaschen, die Johnny Hugel nach einer großen Degustation auf Burg Windeck in Baden im Mai 1983 öffnete.

1934 Traminer Réserve Exceptionelle (Hugel) bei Hugels 350. Geburtstag im Juni 1989.

1959 Gewurztraminer S. G. N. (Hugel): *»Schöne, reiche Goldfarbe; sehr süß, harmonisch, fast pudriger Duft, der an Eiercreme erinnert; am Gaumen zweifellos süß, körperreich, sogar kraftvoll, fest, vorzüglich, weich, würziger Traubengeschmack. Relativ trockener Abgang. (Bei Hugels 350jährigem Jubiläum, Juni 1989, aus: Broadbents Weinnotizen).*

1976: Meine beste Note geht auch in diesem großen Jahr unter vielen exzellenten Weinen wieder an einen Wein von Hugel: Gewurztraminer, Vendange Tardive, S. G. N. par Jean Hugel, Fût 20, sein bestes Fass.

1983 Gewurztraminer, Comtes du Lupfen, Vendange Tardive (Blanck): herrlich reich, parfümiert; halbsüß, kernig, üppig.

1983 Riesling, Clos Sainte-Hune (Trimbach).

1983 Riesling Cuvée Particulière (Beyer)

1985 Gewurztraminer, Clos Saint-Landelin, S. G. N. (Muré).

1986 Riesling, Cuvée Frédéric Emile (Trimbach), sauber, Pfirsicharoma, reif.

1988 Gewurztraminer, Cuvée Anne (Schlumberger).

1989 Tokay Pinot Gris, Kitterlé Grand Cru (Schlumberger).

1989 Gewurztraminer Heimburg S. G. N. (Zind-Humbrecht) reiches Parfum, üppig – einer der besten Gewurztraminer, die ich je verkostet habe.

1990 Gewurztraminer, Cuvée Anne (Schlumberger).

1991 Tokay Pinot Gris, Clos Jebsal S. G. N. (Zind-Humbrecht).

1993 Muscat, Goldert (Zind-Humbrecht).

1995 Tokay Pinot Gris, Clos Saint-Urbain (Zind-Humbrecht): charakteristisch, superb.

1996 Riesling Schlossberg, Cuvée Sainte-Catherine Domaine Weinbach (Faller).

Meine Lieblings-Weine

ITALIEN

VON DEN ALPEN BIS ZUM ÄTNA

Für meine Landsleute ist Italien das Land des ewigen Sonnenscheins. Aber meine Frau und ich kamen das letzte Mal just am Wochenende nach den schwersten, geradezu monsunartigen Regenfällen und heftigsten Sturmwinden seit Jahren an! Die Folgen kamen in Piemont beinahe einer Katastrophe gleich: Bäume lagen umgestürzt auf den Straßen, ganze Weinberge in Hanglage waren zu Tale gespült, Bäche hatten Wege und Brücken weggerissen. Die Hauptstraße zwischen Alba und Turin war mit grauem Schlamm bedeckt, ebenso die Felder und Häuser. Was uns bei alledem überraschte und beeindruckte: Wie schnell und effizient Polizei und Armee der Bevölkerung bei den Aufräumarbeiten halfen.

Angelo Gaja: ein Mann wie ein Kraftwerk.

Das Unwetter vermochte auch die Gastfreundschaft und den enthusiastischen Schwung unseres Gastgebers Angelo Gaja nicht zu dämpfen: ein vor Energie förmlich sprühender Mann!

Der Name Gaja steht in meiner privaten Rangliste italienischer Weine ganz oben, und ich will erzählen, wie wir uns kennen gelernt haben. In einem meiner monatlichen Beiträge für das britische Weinmagazin *Decanter* hatte ich eine wohlwollende Degustationsnotiz veröffentlicht, darin aber bemerkt, Signor Gaja müsse sehr von sich selbst eingenommen sein; der Name des Weins, Barbaresco, sei auf dem Etikett sehr klein geschrieben, während GAJA in riesigen schwarzen Lettern darüber prange! Kurz darauf trafen wir uns zufällig in der Halle eines Hotels in Mainz (wo wir, wie sich herausstellte, beide ein internationales Weinfest besuchten). Ich fürchtete, als heißblütiger Italiener sei er nicht gut auf mich zu sprechen. Aber keineswegs: Mit strahlendem Gesicht kam er auf mich zu, um mich zu umarmen. Und seit damals sind wir gute Freunde.

Später lud uns Angelo einmal zur Trüffelsuche nach Alba ein. Wir mussten in aller Herrgottsfrühe aufstehen, folgten an einem feuchtkalten, nebligen Morgen einem alten Bauern und seinem

Rechte Seite: Noblesse oblige: Marchese Piero Antinori.

Eine Mahlzeit in einem französischen Restaurant der Spitzenklasse ist für mich wie ein Opernabend, das Essen in einem italienischen Restaurant ist weniger förmlich und entspannender – eher wie ein Kinobesuch.

mindestens ebenso alten Hund und kehrten – mit zwei sehr kleinen Trüffeln – zu einer Degustation in das Weingut Gaja zurück: Danach gab es ein hochwillkommenes Mittagessen: Wie Cornflakes waren weiße Trüffelscheiben großzügig über passende Speisen gestreut.

An unserem ersten Wochenende besuchten wir drei Restaurants, bei einem weiteren Gaja-Wochenende zwei Jahre später exakt dieselben. Auch ohne weiße Trüffeln, die ich den französischen schwarzen aus dem Périgord bei weitem vorziehe, kam ich zum Schluss, dass der Stil und die Qualität der italienischen Küche der französischen weit überlegen und einfallsreicher ist und die Leber weniger belastet. Lustiger ist sie auch. Eine Mahlzeit in einem französischen Restaurant der Spitzenklasse ist für mich wie ein Opernabend, das Essen in einem iatlienischen Restaurant ist weniger förmlich und entspannender – eher wie ein Kinobesuch.

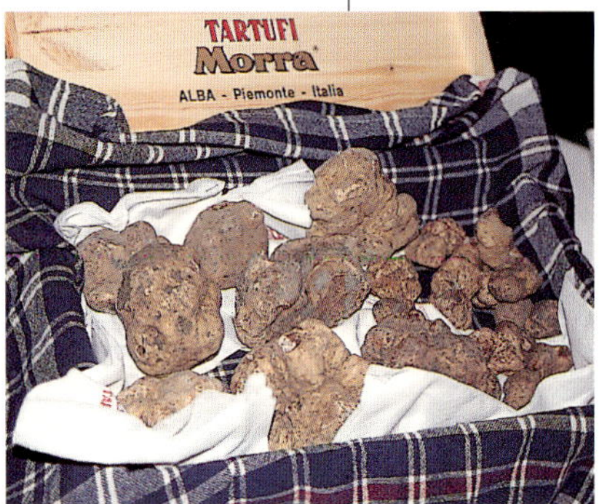

Kostbare, köstliche Knollen: weiße Trüffeln aus Alba.

Angelo Gajas Einfluss ist umgekehrt proportional zu seiner Adresse (da genügen drei Worte: Gaja, Barbaresco, Italien). Die Qualität seiner Weine steht auf derselben Höhe wie deren Ruf – und Preis. Ich erinnere mich, wie geschockt eine große amerikanische Zuhörerschaft war, lauter eingefleischte »Weinzähne«, als Angelo ihnen bei einer von ihm geleiteten Degustation den Preis seines Chardonnay in US-Dollar angab. Aber für wirkliche Qualität gib es eben keinen Ersatz. Ich muss zugeben, dass der schönste italienische Wein, an den ich mich überhaupt erinnern kann, nicht von Angelo produziert wurde, sondern noch von dessen Vater: der 1961er Gaja Barbaresco. Ich entdeckte ihn bei einem Abendessen im italienischen Restaurant Spark's Steak House in New York: *»Einer der herrlichsten italienischen Weine, die ich je getrunken habe. Feines, ausgebautes Rot; weiche, warme Nase, darunter angesengte Frucht, sehr schön nachhaltig im Glas; mit der Süße reifer Trauben, mittelschwerer Körper, weich, mit einem Geschmack, der sich wie ein Crescendo entfaltete: Vorzügliche Struk-*

tur. Zartes Tannin.« (Oktober 1984, aus: Broadbents Weinnotizen). Erst vor einem Jahr traf ich diesen Wein an einer Degustation italienischer Spitzenweine in einem wunderschönen Restaurant auf den Bahamas wieder.

Persönlichkeiten haben einen großen Einfluss auf den Stellenwert und das Ansehen des Weins. Der zweite Italiener, der viel für die Förderung des Qualitätsweins getan hat und noch immer tut, ist Marchese Piero Antinori. In gewisser Weise ergänzen sich Antinori in der Toskana und Gaja im Piemont; sie spiegeln die unterschiedliche Geographie, Rebsorten und Weine vollkommen wider.
Piemont ist äußerst hügelig und ländlich, sein Rotwein tief, reich, sehr tanninhaltig und verbindet Rustikalität und Kraft mit einer beeindruckenden Finesse. In der Toskana dagegen wachsen Olivenbäume und Reben an weiteren, sanfter geneigten Hängen; historische Städte und befestigte Städtchen von großer Schönheit beherrschen die Anhöhen.

Wählen Sie einen Wein von Antinori, wenn Sie in einem unbekannten Restaurant die Weinkarte vor sich haben: Er wird immer gut sein – und sein Geld wert.

In gewisser Weise ergänzen sich Antinori in der Toskana und Gaja im Piemont; sie spiegeln die unterschiedliche Geographie, Rebsorten und Weine vollkommen wider.

Piemont ist äußerst hügelig und ländlich, sein Rotwein tief, reich, sehr tanninhaltig und verbindet Rustikalität und Kraft mit einer beeindruckenden Finesse.

Piero Antinori lernte ich 1958 bei meinem ersten Besuch in Florenz kennen; ich erinnere mich, mit welcher Freundlichkeit und welchem Charme er mich empfing, die sowohl sein persönliches »Markenzeichen« wie das seiner alten, vornehmen Familie sind. Seine Adresse ist etwas komplizierter als die Gajas, aber leicht zu finden: Palazzo Antinori gegenüber der Capella Antinori, Piazza Antinori. Aristokratendünkel gibt es hier überhaupt nicht, und die Qualität der Weine wird nicht als etwas Selbstverständliches angesehen. Die Antinoris waren seit jeher kaufmännisch denkende, tatkräftige Pioniere mit Unternehmergeist. Und ohne einen Moment zu zögern kann ich Ihnen empfehlen: Wählen Sie einen Wein von Antinori, wenn Sie in einem unbekannten Restaurant die Weinkarte vor sich haben: Er wird immer gut sein – *und* sein Geld wert.

ITALIEN – EIN FÜLLHORN VOLL WEIN

Vom Nordrand bis in die Zehenspitzen, vom verschneiten Fuß der Alpen bis ins nordafrikanische Klima Siziliens ist Italien ein Füllhorn von Wein; seine Jahresproduktion liegt über derjenigen Frankreichs. Es liegt auf der Hand, dass Stil und Qualität der Weine Italiens von Region zu Region sehr verschieden sind. Obwohl ich eine Unzahl verschiedenster Weine verkostet habe, beschränke ich meine Besuche hauptsächlich auf die Toskana, Piemont, Friaul und, vor vielen Jahren, den Gardasee und die nahe gelegenen Gebiete Valpolicella und Soave. Italien ist ein sehr schönes Land, und ich wünschte, ich könnte es viel öfter besuchen.

Bezüglich der Qualität haben die Weine große Fortschritte gemacht, einige sind nicht mehr wiederzuerkennen. Vor dreißig oder vierzig Jahren waren italienische Weine berüchtigt für ihre

Unzuverlässigkeit und gelegentliche skandalöse Machenschaften. Ich erinnere mich zu gut an unsere erste Weinreise in Italien, es war im Sommer 1958. Beim Besuch einer großen und international bekannten Weinfirma stellte meine Frau fest, dass die Flaschen ein und desselben Rotweins auf der Abfüllstraße mit unterschiedlichen Jahrgangsetiketten versehen wurden! Kein großer Skandal, aber ein ethisch zumindest nicht besonders hochstehendes, um nicht zu sagen unehrliches Handeln.
Glücklicherweise können die beiden verschiedenen Richtungen der obersten Qualitätsstufe gut nebeneinander bestehen: aristokratische Besitzer großer Güter, z. B. Antinori, Frescobaldi, Bonacossi und Rocchetta, und die »modernen« wie Gaja und Maurizio Zanella, Jermann, Maculan und viele andere, die neue Maßstäbe gesetzt haben, sei es durch das Einführen neuer, »fremder« Sorten wie Cabernet Sauvignon, sei es durch die Produktion immer besserer Weine aus ihren eigenen, angestammten klassischen Reben.

Das stolze Wappen der Frescobaldi

REBSORTEN

Es gibt so viele verschiedene Sorten, wie es Klima- und Bodenunterschiede gibt, aber die traditionellen, »klassischen« sind Nebbiolo und Barbera für Rotwein im Piemont, Sangiovese und die weiße Trebbiano und Malvasia in der Toskana (mehr dazu weiter unten). In der nördlichsten Region Italiens, dem Alto-Adige oder Südtirol am Fuße der Alpen, werden deutsche und österreichische Sorten angebaut, Riesling, Silvaner, Müller-Thurgau und Grüner Veltliner, die hauptsächlich florale, säurebetonte trockene Weißweine ergeben. Pinot Grigio, ein etwas unterschätzter Weißwein mit ziemlich neutraler Nase und allzu oft nur wenig Geschmack (der Muscadet Italiens?) wird in ganz Nordostitalien angebaut und ist auch südlich gewandert. Ich für meinen Teil empfinde ihn als hinreichend gefälligen Wein, und er hat den zusätzlichen Vorteil, dass er auch in guten Restaurants nicht teuer ist. Vor ungefähr einem Jahr hatte ich einen kleinen Lunch in einem der schicksten Restaurants New Yorks, »The

Linke Seite: Auch heute noch ist die Arbeit in den Weinbergen größtenteils Handarbeit – wie seit eh und je.

Moscato d'Asti: Kein noch so üppiger Nachtisch kann diesen leichten, frischen, charmanten Wein erschlagen. Er muss allerdings jung sein und sehr kalt serviert werden.

Four Seasons«; meine Tischgenossen waren die drei wichtigsten Weinkenner Amerikas – Don Zacharia, der größte Zwischenhändler des Staates New York, der legendäre Ab Simon von Seagram's, dem größten Importeur von *Premier Cru*-Bordeaux, und Marvin Shankin, Herausgeber und Chefredakteur der einflussreichsten Weinzeitschrift Amerikas, *The Wine Spectator*. Zur sichtlichen Überraschung des Chef de Service und seines Chefsommeliers teilten wir uns eine Flasche Pinot Grigio!

PIEMONT UND TOSKANA, DIE GROSSEN KLASSISCHEN ANBAUGEBIETE

Die norditalienische Provinz Piemont ist die Heimat dreier Rotweine von herausragender Bedeutung: Barolo, Barbaresco und Barbera. Ihr geographisches Zentrum ist die Stadt Asti, deren Name ein Synonym für *Spumante* ist, Italiens bekanntesten Schaumwein. In den Weinbergen rund um Asti wird die Barbera-Rebe angepflanzt, nach welcher der Wein benannt ist. *Die* Rebsorte für Rotwein schlechthin ist in Norditalien jedoch ohne Frage Nebbiolo, und aus ihr entsteht im Umkreis des Ortes Barolo südwestlich von Alba Italiens kräftigster klassischer Roter, ein Wein mit hohem Tanningehalt, der nur langsam reift und sich lange lagern lässt. Zu den besten Barolo-Produzenten gehören Bruno Giacosa, Ceretto, Pio Cesare, Fontanafredda, Mascarello, Prunotto, Renato Ratti und Vietti.

Von Alba aus ein paar Fahrminuten in entgegengesetzter Richtung liegt, an einen Hang geschmiegt, das Dorf Barbaresco, dessen Weine vielleicht etwas weniger massiv daherkommen, aber berühmt sind für ihr intensives Aroma – besonders die Hügellagen von San Lorenzo und Sorì Tildìn unter der Regie von Angelo Gaja –, Weine von Michele Chiarlo und der Gaiun Martinenga von Marchese di Gresy.

Bevor wir Piemont verlassen, muss ich eine meiner Lieblingsweinarten erwähnen; zufälligerweise ist es auch eine der billigsten. Ich meine Moscato d'Asti, den hellen, leicht moussierenden

Wein mit geringem Alkoholgehalt und einem köstlich traubigen Geruch und Geschmack. Die meisten klassischen »Dessert«-Weine, ob Sauternes oder Beerenauslesen, werden von süßen Nachspeisen zerstört, gewissermaßen »trockengelegt«. Die Antwort heißt Moscato d'Asti. Kein noch so üppiger Nachtisch kann diesen leichten, frischen, charmanten Wein erschlagen. Er muss allerdings jung sein und sehr kalt serviert werden. Die Marke, die ich am besten kenne, ist Araldica, doch bei weitem der beste, den ich verkostet habe, ist »Nivole« von Michele Chiarlo. Neulich öffnete ich eine halbe Flasche 1995er, die ich in meinem Keller entdeckt hatte. Er schmeckte einfach köstlich.

Die Muskateller-Traube liefert frischen, fruchtigen Schaumwein, den »Moscato d'Asti«.

Die Toskana ist die Heimat des Chianti, des bekanntesten Rotweins Italiens und liegt etwa auf halben Weg zwischen Mailand und Rom. Die Chianti-Zonen erstrecken sich westlich, östlich und im Süden von Florenz; die stolze Stadt Siena ist von Chianti-Weinbergen, den *Colli Senesi*, umgeben. Montepulciano und Montalcino begrenzen das Gebiet im Süden, im Westen reicht es bis kurz vor Livorno.

Nur wenigen Leserinnen und Lesern werde ich etwas Neues erzählen, wenn ich erwähne, dass das ganze Gebiet buchstäblich von Geschichte durchdrungen ist und dass die Städte, Dörfer und Landschaften von außerordentlicher Schönheit sind: Florenz mit seiner Architektur und seinen Kunstschätzen, das mittelalterliche Siena, die alten Villen voller Charme und Pracht … Dieser Teil Italiens ist berühmt für gute Umgangsformen, große Höflichkeit – und wunderbare Weine.

Es ist nicht meines Amtes, eine Geschichtsstunde über diese alte Kulturgegend abzuhalten. Nur was den Wein angeht: Die Griechen brachten die Rebe nach Süditalien, der Weinbau breitete sich nach Norden aus und erreichte in der Blütezeit des Römischen Reiches einen hohen Stand. Der Schritt weiter nördlich in die Toskana erfolgte erst später, Wein und Kunst erreichten im 15. Jahrhundert, dem *Quattrocento*, einen Höhepunkt.

Als ich mich für Wein zu interessieren begann, galt »Chianti« als belangloser Rotwein, der in der bauchigen Strohflasche, dem Fiasco, *verkauft wurde, die an den Wänden und Decken billiger Tavernen hing, wenig kostete und noch weniger wert war.*

Obwohl die bereits erwähnten aristokratischen Landeigentümer schon seit langem in einem guten Ruf standen, haben in unserem Jahrhundert Weine, die sich als »Chianti« ausgaben, während Jahrzehnten dem Namen der Toskana geschadet. Als ich mich für Wein zu interessieren begann, galt »Chianti« als belangloser Rotwein, der in der bauchigen Strohflasche, dem *Fiasco*, verkauft wurde, die in großer Zahl an den Wänden und Decken billiger Tavernen hing, wenig kostete und noch weniger wert war. Gründe für diesen Zustand waren Nachlässigkeit in Wirtschaftsfragen, mangelnde Ordnung und Definition. Die »edle« Sangiovese-Traube konnte ganz legal mit der weißen Malvasia, später in zunehmenden Mengen mit der geringeren Sorte Trebbiano verschnitten werden. Die besten Produzenten fuhren zwar damit fort, guten Wein zu machen und zu verkaufen, aber der Markt stand Kopf. Das nächste Stadium in der Entwicklung der Rotweine aus der Toskana war die Einführung von Bordeaux-Sorten. Vorreiter war hier der vorausschauende Piero Antinori, der dem Sangiovese einen kleinen Anteil Cabernet Sauvignon beifügte. Dies verstieß nun aber gegen das Gesetz, sodass sein Wein,

Einfach und herzhaft: »Pane, salame e vino nostrano«.

der »Tignanello«, nicht als Chianti verkauft werden durfte. Er gelangte unter der viel bescheideneren Bezeichnung *Vino da Tavola* auf den Markt – und hatte Erfolg. Später ging Antinori mit »Solaia« noch einen Schritt weiter: Hier überwiegt Cabernet Sauvignon die Sangiovese-Traube bei weitem.

Chianti classico, klassischer Chianti, muss sich an die Regeln halten: Eine Riserva z. B. darf nur aus traditionellen Sorten bestehen und muss mindestens drei Jahre im Eichenfass gelagert werden, um die Bezeichnung DOCG (*Denominazione di Origine Controllata e Garantita*) tragen zu dürfen – und solche Weine können ausgezeichnet sein.

Es gibt viele Produzenten in den Hügeln rund um Florenz, doch zu den besten zählen: Badia a Coltibuono, Brolio – ein wichtiges Gut, das glücklicherweise wieder im Besitz von Barone di Ricasoli ist, Castellare bei Castellina, Rampolla (der auch für seinen »Sammarco« aus Cabernet und Sangiovese bekannt ist), Castello di Ama und Fonterutoli mit seiner »Riserva Ser Lapo«, Volpaia – ihr 1983er und 1985er waren es, die mein ernsthaftes Interesse an guten italienischen Weinen wieder weckten, Fontodi,

Die stille und stilvolle Badia a Coltibuono, eine ehemalige Abtei, liegt abseits der großen Straßen.

Castello di Brolio.
Hier »erfand«
Barone Bettino
Ricasoli im
19. Jahrhundert den
Chianti classico.

Heute produzieren über hundert große und kleine Weingüter einen Brunello di Montalcino in unterschiedlichen Stilrichtungen und Qualitäten, meist lieblicher, weicher, schneller reifend und einfacher zu trinken als der Prototyp von Biondi-Santi.

den ich etwa zur selben Zeit bei einem erstklassigen Weinhändler in London »entdeckte«, Isole e Olena. Nozzole war einer meiner frühesten Favoriten und einer der wenigen italienischen Weine, die Harvey's, meine alte Firma, in den späten fünfziger Jahren führte.

Carmignano westlich von Florenz ist ein kleines, aber wichtiges Anbaugebiet innerhalb des Chianti; besonders bewundere ich hier die Tenuta di Capezzana von Ugo Contini Bonacossi. Zwei Gebiete, die ich zugegebenermaßen nie besucht habe, sind San Gimignano, das vielleicht für seine mittelalterlichen Wohntürme, die die Silhouette des Städtchens prägen, noch berühmter ist als für seinen Wein, und Montepulciano, dessen *Vino Nobile* hervorragend sein kann, allen voran jener von Avignonesi.

Last but not least Montalcino, ein klar begrenztes, fast quadratisches Anbaugebiet mit dem pittoresken Hügelstädtchen glei-

Brunello di Montalcino von Biondi-Santi: Ein Stelldichein der Generationen zur Vertikaldegustation.

chen Namens im Zentrum. Brunello di Montalcino ist ein Sangiovese-Klon, der Ende des letzten Jahrhunderts auf dem Weingut Il Greppo von Ferruccio Biondi-Santi entdeckt und entwickelt wurde. Der Brunello von Biondi-Santi ist noch immer einzigartig, ein echter *Grand Cru*, ein kräftiger, langlebiger Rotwein, der zu außerordentlich hohen Preisen gehandelt wird. Hätte der Großvater des freundlichen und distinguierten Franco Biondi-Santi den Namen »Brunello« patentiert, gäbe es die gegenwärtigen Schwierigkeiten der Familie nicht. Aber heute sind es über hundert große und kleine Weingüter, die einen Brunello di Montalcino in unterschiedlichen Stilrichtungen und Qualitäten produzieren, meist lieblicher, weicher, schneller reifend und einfacher zu trinken als der Prototyp von Biondi-Santi.

Franco Biondi-Santi, der Enkel des »Entdeckers und Erfinders« des Brunello di Montalcino.

Guten Brunello erzeugen unter anderen Arigiano, das Weingut mit dem schönen Namen Castelgiocondo, das der wohlhabenden Aristokratenfamilie Frescobaldi gehört, Barbi Colombini, Il Poggione, Val di Suga (besonders der 1990er) und einer der erstaunlichsten Weinberge Italiens: die 2850 mit Planierraupen präparierten Hektaren Rebland von Villa Banfi bei Sant' Angelo Scalo unter der Leitung des international anerkannten Önologen Ezio Rivella.

Um für einen Moment auf den Vino da Tavola neuen Stils zurückzukommen: Der berühmteste – und einer der wenigen italienischen Weine, die internationale Aufmerksamkeit erregten – ist Sassicaia. Er wird auf dem Weingut der Marchesi Incisa della Rocchetta aus Cabernet-Trauben gekeltert. Der erste Jahrgang, den ich verkostete, war der 1978er, als beste habe ich den 1979er und 1982er notiert.

1979: »Mit Abstand der beste Sassicaia-Jahrgang zwischen 1978 und 1987: mitteltiefe, sehr reiche, ausgebaute Farbe – wie guter reifer Bordeaux vom Jahrgang 1959; ›süßes‹, herrliches, harmoni-

Ich kann nicht umhin zu bedauern, dass die italienischen Produzenten ihren traditionellen Sorten nicht treu geblieben sind – aber wenn sie mit französischen Sorten so exzellente Ergebnisse erzielen, was spricht eigentlich dagegen?

sches Bukett mit phantastischer Fülle und Frucht; für einen roten Tafelwein sehr ›süß‹, mittelschwerer Körper, reich, füllig, abgerundet, komplett, dabei mit wohlbemessenem Tannin- und Säuregehalt, der noch ein weiteres Jahrzehnt Lebenserwartung verleiht.« (März 1990, aus: Broadbents Weinnotizen).

Der Nachbar Lodovico Antinori, Piero Antinoris Bruder, erzeugt einen vergleichbaren Wein namens Ornellaia. Ich persönlich kann nicht umhin zu bedauern, dass die italienischen Produzenten ihren traditionellen Sorten nicht treu geblieben sind, aber wenn sie mit französischen Sorten so exzellente Ergebnisse erzielen, was spricht eigentlich dagegen? Ich hatte ähnliche Vorbehalte, als Gaja in Piemont die Chardonnay-Traube einführte, aber auch dies wurde durch die Resultate mehr als gerechtfertigt.

EINIGE WEITERE WEINBAU-GEBIETE UND WEINE

Aus Friaul kommt der modische und überteuerte Süßwein Piccolit aus der gleichnamigen Traube, doch der vielleicht originellste und initiativste aller Produzenten dieser Gegend ist Jermann mit seinem »Vintage Tunina«, einem duftigen Wein aus spät gelesenen Sauvignon Blanc und Chardonnay und lokalen Sorten wie Ribolla, Malvasia und Piccolit. Im Südtirol produziert Castel Schwanburg einen eleganten Cabernet.

Der spezielle, eigenartige Vin Santo, ein Wein, so ungewohnt wie ein Tokay Aszu oder Château-Chalon, wird aus Trebbiano und Malvasia gekeltert, auf Felsen getrocknet, erst nach Weihnachten gemaischt und reift langsam in kleinen Fässern. Das Ergebnis ist ein bernstein-goldener Wein mit einem Bukett, das mich an Sherry und nasses Stroh erinnert, und süßem, angesengtem Geschmack. Der 1990er von Isole & Olena schmeckte neulich vorzüglich.

Offen gestanden, sowohl Soave wie Valpolicella verbinden Popularität mit kommerziell ausgerichteter Mittelmäßigkeit. Den

besten trockenen weißen Soave Classico Superiore produziert Pieropan, hervorragenden sortenreinen Valpolicella aus der Corvina-Traube die Familie Allegrini. Recioto oder der bittere Amarone di Valpolicella aus halbgetrockneten Trauben waren, wie ich zugeben muss, nie meine Sache.

Ein Gebiet namens Franciacorta bei Brescia in der Lombardei ist dank einem einzigen Mann auf der Landkarte erschienen: dem brillanten, eigenwilligen Maurizio Zanella. Seine »Ca' del Bosco«-Schaumweine sind die besten ganz Italiens, seine fassgereiften Chardonnays und Cabernets hervorragend, aber auch teuer. Von den Süßweinen neuen Stils schätze ich jene aus dem benachbarten Breganze von Fausto Maculan, allen voran den 1990er Torcolato mit seinem köstlichen Pfirsicharoma.

Italienische Weine gibt es in allen Schattierungen – wie die Silhouetten von Landzungen der Insel Elba.

DIE GROSSEN JAHRGÄNGE

Wenn ich mich in diesem Kapitel auf Piemont und die Toskana konzentriere, dann deshalb, weil in diesen beiden bedeutenden Regionen die gehaltvollsten Rotweine erzeugt werden, die nicht nur langlebig sind, sondern durch Lagerung eindeutig gewinnen und reifen.

Piemont: 1952, 1958, 1961, 1964, 1970 sind gut; 1971 großartig; 1974, 1978 exzellent; 1979 und 1982 sehr gut; 1983 schwankend, 1984 schwach, 1985 sehr gut, 1986 kleine Ernte, aber gut; 1987 mittelmäßig, 1988 kleine Ernte, Barbera am besten; 1989 kleine Ernte, gute Rotweine; 1990 außerordentlich, 1991 schwankend, 1992 schlechtes Wetter, leichte Weine; 1993 auch nasse Ernte, die Weine sollten bald ausgetrunken werden; 1994 wieder Regen während der Lesezeit, mittlere Qualität; 1995 sehr späte Lese, die besten sehr gut; 1996 hohe Qualität, aber kleine Menge.

Toskana: 1945, 1947, 1955, 1957, 1961, 1962, 1964, 1967, 1968, 1970 sind gut; 1971 ungleichmäßig, aber die besten sind exzellent und auf dem Höhepunkt; 1978 herausragend, 1979 große Ernte, gute Weine, jetzt auf dem Höhepunkt; 1981 einige gute Weine, 1982 hervorragend, 1983 gut, besonders im Chianti, 1984 schwach, 1985 superb, 1986 große Ernte, recht gut, 1987 schwankend, Montalcino besonders gut, 1988 hohe Qualität, 1989 schwankend, im Süden am besten; 1990 außerordentlich, 1991 schwach, 1992 mittelmäßig, 1993 trotz Regen während der Lesezeit einige gute Weine, 1994 sehr gut; 1995 kühler Sommer, heißer, trockener Herbst, gute Weine; 1996 gut.

Meine Lieblings-Weine

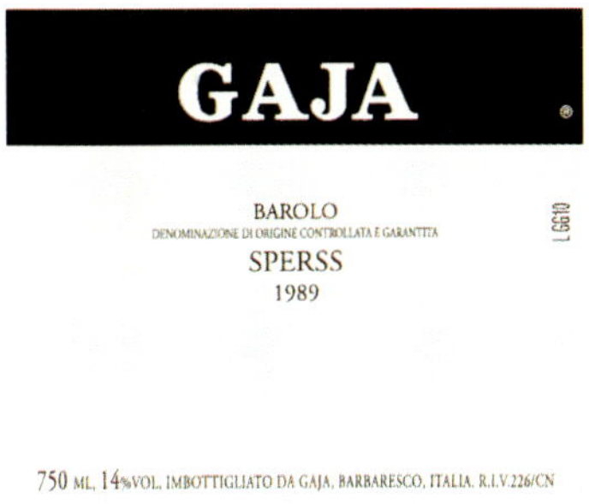

1937 Riserva, Barolo (Giacomo Bologna): eine freundliche alte Dame.
1955 Riserva, Brunello di Montalcino (Biondi-Santi).
1961 Barbaresco (Gaja): 1984 ein Wein der Superlative, 1997 noch beeindruckend, aber doch am Abbauen.
1967 Riserva, Barolo (Giacomo Borgogno).
1970 Barolo Riserva (Giacomo Conterno): fabelhaft geöffnet.
1971 Barolo Riserva (Prunotto) mehrere Einträge über zehn Jahre. Jetzt »süß« und fleischig.
1971 Barbaresco (Gaja) überraschend süß, kraftvoll, schön.
1971 Rubesco Torgiano (Lungarotti) elegant und schön.
1975 Riserva Chianti Classico Villa Antinori – perfekter Körper und Charme.
1975 Riserva, Carmignano, Villa di Cappezzana (Bonacossi).
1978 Barbera d'Alba (Aldo Conterno) beeindruckend, sehr viel Tannin. Müsste jetzt großartig sein.
1979 Barolo (Giacomo Conterno) alter Stil, kompromisslos klassisch.
1979 Sassicaia (Rocchetta): schiere Perfektion.
1982 Barbaresco, Sorì Tildìn, (Gaja) unglaublich beeindruckend.
1982 Granbussia (Aldo Conterno) einer der besten italienischen Rotweine: *»Tiefe, leuchtende, lebhafte Farbe mit starken Tränen in Spitzbogenform; frisch, fruchtig: Feigen, Grapefruit; vom reifen Eingangsgeschmack aus spannt sich ein überaus fruchtiger Bogen zu dem trockenen, sehr tanninbetonten Abgang. Beeindruckend ist untertrieben.« (Sept. 1988, aus: Broadbents Weinnotizen).*
1985 Capezzana Ghiaie della Furba (Bonacossi) 40 % Merlot, 30 % Cabernet Sauvignon, 30 % Cabernet Franc. Köstlich.
1985 Brunello di Montalcino (Biondi-Santi).
1985 Barbaresco, Sorì San Lorenzo (Gaja) kraftvoll wie ein Pétrus.
1985 Darmagi (Gaja) äußerst gelungener sortenreiner Cabernet.
1986 und **1988** Bricco dell' Uccellone (zwei Meisterstücke des 1991 verstorbenen Giacomo Bologna).
1988 Valpolicella »La Grola« (Allegrini) großartig.
1989 Barolo Ornate (Pio Cesare).
1989 Tignanello (Antinori).
1990 Ca' del Bosco (Zanella) schön in Geschmack und Textur.
1991 Barolo (Cannubi), 1994 abgefüllt (Michele Chiarlo).

DEUTSCHLAND

VERWIRRENDE, BEGLÜCKENDE VIELFALT

DEUTSCHLAND

Ich mag die deutschen Weine. Die Wintermonate ausgenommen, genießen meine Frau und ich es, an Wochenenden eine Vormittagsflasche, sozusagen einen »Elf-Uhr-Schoppen«, zu teilen: üblicherweise eine reichere Spätlese oder Auslese eines guten Erzeugers. Um wie viel zivilisierter als ein Morgenkaffee!

Die deutschen Weine haben so manche offensichtliche Tugenden und Vorzüge, dass ich nicht verstehen kann, warum sie im Verhältnis zu anderen dermaßen unterschätzt und unterbezahlt werden. Zum einen muss man kein Experte sein, um sie zu genießen; im Gegenteil, es gibt wenige Wein-Geschmacksrichtungen, die sich so leicht zugänglich, auf Anhieb einnehmend und angenehm fruchtig präsentieren. Ein weiterer Vorteil in einer Zeit, in der Alkohol als Dämon angesehen wird, den es zu meiden gilt: Die meisten sind leicht, einige haben den tiefsten Alkoholgehalt aller Weine. Sie können eine Flasche Moselwein ohne die geringsten Folgen zu zweit leeren – versuchen Sie das einmal mit einem Bâtard Montrachet eines guten Jahrgangs, und Sie werden den Unterschied spüren!

Rechte Seite: Das Städtchen Cochem an der Untermosel wird von der stolzen Reichsburg beherrscht; und an einem richtigen Burghügel wächst Wein, hier natürlich Riesling.

Andererseits gibt es unbestreitbar Schwierigkeiten. Die Etiketten zum Beispiel können, obwohl sehr logisch aufgebaut, Uneingeweihte mit ihrer Fülle von Namen und Begriffen verwirren: Anbaugebiet, Bereichsname, Großlage, Einzellage, Rebsorte, Qualitätsangabe und viele Details. Doch mehr davon später.

Viele der traditionellen deutschen Weine seien »zu süß« und taugten deswegen nicht als Begleitung zum Essen, lautet der Hauptvorwurf. Diese Klage hat zur Produktion von trockenen Weinen mit höherem Alkoholgehalt geführt, die ihrem Wesen nach eigentliche Menü-Weine sind, ja oft Speisen brauchen, um ihren Geschmack überhaupt zu entfalten. Doch dabei übersieht man meiner Meinung nach eine wichtige Tatsache: Deutsche Winzer haben eine andere Auffassung von Wein als ihre Berufskollegen in Frankreich und anderswo. Das deutsche Ideal ist ein Wein mit perfekter Balance zwischen Frucht und Säure. Körper,

Die deutschen Weine haben so manche offensichtliche Tugenden und Vorzüge, dass ich nicht verstehen kann, warum sie im Verhältnis zu anderen dermaßen unterschätzt und unterbezahlt werden.

der zur Hauptsache im Alkoholgehalt gemessen wird, ist zweitrangig; tatsächlich sind Leichtigkeit und Charme erwünschter. Diese Weine sind in erster Linie Weine zum Nippen und Genießen, am besten in der Gesellschaft gleichgesinnter Freunde – und eigentlich zu jeder Tageszeit. Das lernte ich schon bei meinem allerersten Besuch.

Meine Beziehungen zum Verband Deutscher Prädikats- und Qualitätsweingüter (VDP) als Auktionsberater, Katalog-Herausgeber und Auktionator haben mich mit allen VDP-Anbaugebieten und ihren Weinen sehr viel vertrauter gemacht. Doch ich will hier mit dem ersten anfangen, das ich besuchte.

MOSEL-SAAR-RUWER

Es heißt, seine erste Liebe vergesse man nie. Ich bin überzeugt, dass dies stimmt. Als wir im Juni 1956 die Schönheit des Moseltals bestaunten und die hübschen Dörfer bewunderten, war das Wetter unvergesslich garstig: Es war bitterkalt und regnete Tag für Tag.

Lieblich und prächtig zugleich: die Fassade des kurfürstlichen Palais in Trier, der Weinkapitale an der Mosel.

Wie schon erwähnt, verbrachten meine Frau und ich in den ersten Jahren unserer Ehe jeden Jahresurlaub in einer anderen Weingegend. Bis Ende der fünfziger Jahre hatten wir so fast alle großen Gebiete Europas kennen gelernt, manche zwar recht oberflächlich, aber doch gründlich genug, um ein Gefühl für die Gegend zu bekommen; denn das Weinbaugebiet zu *sehen* und Erzeuger kennen zu lernen verschafft bessere Übersicht, vergrößert das Verständnis und unterstützt das Gedächtnis als unschätzbare *Aide-mémoire*.

Damals war ich im Weinhandel ein Neuling mit bescheidenem Gehalt, und wir hatten als jungverheiratetes Paar nicht viel Geld. Unsere erste Reise an die Mosel, eine wahre Moselfahrt für Frischvermählte, unternahmen wir auf einem Motorroller: die ganze Strecke von London bis Trier und flussabwärts bis nach Koblenz auf einer »Vespa«. Und es regnete tagtäglich, wie schon gesagt. Nicht den ganzen Tag und nicht überall, aber jeden Tag. Meinen ersten Anschauungsunterricht in Sachen Mikroklima erhielt ich an der Mittelmosel: Wenn wir von Bernkastel flussabwärts fuhren, regnete es zwar in Graach, aber um die Ecke, in Erden, schien die Sonne!

Die Mosel, der Wein und die Liebe – alles eine Frage der Etiketten.

Als ehemaliger Architekturstudent war ich bezaubert von den Weindörfern, den engen Gassen, den gemütlichen Fachwerkhäusern und ihren Kellern. Wir wohnten beinahe zwei Wochen in einem bescheidenen Hotel und konnten nicht umhin, deutsche Reisegruppen zu bemerken, die vom Morgen bis spät in die Nacht Moselwein genossen, Flasche für Flasche. Aber zu den Mahlzeiten tranken sie Bier!

In jenen jungen Tagen unserer Ehe war es mein Ehrgeiz, dass wir uns in jedem berühmten Weinberg der Welt liebten. Einer der ersten lag praktischerweise ganz nahe bei unserem Hotel in Bernkastel: der berühmte Doctor. – Was war der Boden schlammig in jenem nassen Juni!

Bei Bremm macht die Mosel eine besonders schöne Schleife. Der Bremmer Calmont ist mit 65 % Neigung der steilste Weinberg Europas.

*Wein war schon in der Antike völkerverbindend.
Ein römischer Dichter und Staatsmann aus Bordeaux besang
als erster ein deutsches Weingebiet: Decimus Magnus Ausonius,
der 371 n. Chr. seine Moselfahrt schilderte.*

Eine der spektakulärsten Einzellagen ist die »Wehlener Sonnenuhr«, ein weiter Steilhang, wo sich Rebe an Rebe reiht.

Wenn man den heute gestauten Fluss nicht auf einem Moselschiff entlangfahren will, empfehle ich bei günstiger Witterung ein zweiräderiges Vehikel. Von Trier nahe der luxemburgischen Grenze in allgemeiner Richtung Nordosten bis Koblenz kann der Fluss mit seinen großen Serpentinen in überraschend kurzer Zeit erkundet werden.

Die berühmten Weindörfer liegen zu beiden Seiten des Flusses: Trittenheim, Piesport, Brauneberg, Bernkastel, Graach, Wehlen, Zeltig, Ürzig, Erden – diese Namen lassen das Wasser im Mund zusammenlaufen! Die Weinberge selbst liegen an den überra-

schend hohen, unglaublich steilen Abhängen der sich windenden Mosel. Ihre Schleifen sind beeindruckend und werden von den Weinbergen deutlich vor Augen geführt, die je nach Ausrichtung einmal auf dem linken, dann auf dem rechten Ufer liegen, da in diesem nördlichen Klima die Reben die allerbeste Sonnenlage brauchen.

Die vielleicht spektakulärsten Einzellagen sind die Wehlener Sonnenuhr, ein weiter Steilhang, wo sich Rebe an Rebe reiht, und der Scharzhofberg über dem Praveltsbach, einem Nebenflüsschen der Saar, die ihrerseits in die Mosel mündet.

Die Weine von Saar und Ruwer
am oberen, westlichen Ende des Anbaugebietes
sind von unverwechselbarer Würze
und rassiger Säure.

Viele Male bin ich seither an die Mosel zurückgekehrt, und obwohl mir diese Gegend nun sehr vertraut ist, halte ich sie nach wie vor für eine der schönsten Weinlandschaften der Welt.
Und die Weine? Die besten sind Inbegriffe von Leichtigkeit und Charme, mit delikater Frucht und erfrischender Säure. Kein Wunder, sind sie so beliebt. Im Gegensatz zu Franken, wo eine Vielfalt von Rebsorten angebaut wird, werden praktisch alle guten Moselweine aus der edlen Rieslingrebe gewonnen, die auf dem gut entwässernden Schieferboden ausgezeichnet gedeiht.
Die Weine von Saar und Ruwer am westlichen Ende des Anbaugebietes sind von unverwechselbarer Würze und rassiger Säure, einer Säure, die in schwachen, kalten, regnerischen Jahren so scharf sein kann, dass sie in alten Zeiten nur für Sekt taugten.

Eine Idylle: der berühmte Scharzhof von Egon Müller über dem Praveltsbach, einem Zufluss der Saar.

Zu den Bischöflichen Weingütern mit Sitz in Trier gehören die berühmten klerikalen Güter Bischöfliches Priesterseminar, Hohe Domkirche und Bischöfliches Konvikt – insgesamt über 100 Hektare Rebland in der ganzen Region; Auch das Friedrich-Wilhelm-Gymnasium ist eine wohltätige religiöse Stiftung mit Rebbergen, z. B. in Klüsserath. Die berühmtesten Familienbetriebe im Saargebiet sind der bereits erwähnte Scharzhof von Egon Müller bei Wiltingen und das Weingut Von Hövel mit seiner Oberemmeler Hütte, an der Ruwer das Gut Maximin Grünhaus im Alleinbesitz der Familie von Schubert, dessen schönes Jugendstiletikett allein schon ein Sammlerstück ist, und die Gutsverwaltung Karthäuserhof von Christoph Tyrell, die den Eitelsbacher Karthäuserhofberg mit seinem schmalen, unverwechselbaren Halsetikett keltert.

An der Mittelmosel wachsen klassische und unverwechselbare Weine wie die reicheren, erdigeren Brauneberger (gute Erzeuger sind die Weingüter Fritz Haag und Willi Haag) oder die eleganten Wehlener, z. B. von Joh. Jos. Prüm. Es klingt fast wie ein Reklamevers, Kinderreim oder Limerick: Würzige Weine kommen aus Ürzig, erdigere, charaktervolle aus Erden, zum Beispiel der Erdener Prälat von Ernst Loosen.

Wie in anderen Gebieten Deutschlands produzieren die Spitzengüter die besten Weine, weil sie die Weinberge mit den besten Lagen und die kompetentesten Kellermeister haben und in einem Ansehen stehen, das ihre Preise rechtfertigt. Aber Vorsicht bei Namen wie Piesport und Bernkastel: Zwischen der simplen Kombination von Bereich- und Großlage-Namen wie Piesporter Michelsberg und dem berühmten Piesporter Goldtröpfchen eines seriösen Weingutes wie etwa Reichsgraf von Kesselstatt liegen Welten. Doch diese Warnung gilt grundsätzlich für alle deutschen Anbaugebiete.

*Im Stil vereinen die Weine von der Nahe
den leichten, blumigen Charakter der Moselweine
mit der Festigkeit der Weine
aus dem Rheingau.*

DIE NAHE

In einer verbreiteten und auch nachvollziehbaren Vereinfachung bezeichnet man die Weine von der Nahe als eine Art »Mitte« zwischen Mosel- und Rheingau-Weinen; nachvollziehbar, weil die Nahe wie die Mosel ein Rheinzufluss ist, der in nordöstlicher Richtung fließt; bei Bingen, gegenüber dem westlichen Ende des Rheingaus, mündet sie in den Rhein. Und auch im Stil vereinen die Nahe-Weine den leichten, blumigen Charakter der Moselweine mit der Festigkeit der Weine aus dem Rheingau.
Es war im selben Jahr 1956, als ich die Gegend zum ersten Mal auf unseren »Arbeitsferien« besuchte. Wir fuhren auf einem Kursschiff von Koblenz flussaufwärts nach Bingen und vernahmen mit einigem Unbehagen, dass das letzte Passagierschiff vor dem unserem an einer besonders engen Stelle nach der Kollision mit einer Kette von Lastkähnen, die in zügiger Fahrt flussabwärts kamen, ganz »loreleygemäß« gesunken war!
Die Landschaft um den Kurort Bad Kreuznach ist sehr hübsch, wenn auch bis auf die Steilwand des »Rotenfelses« nicht ganz so

beeindruckend wie das Moseltal. Die Weine jedoch finde ich sehr ansprechend. Sehr oft erinnern sie mich in Duft und Geschmack an frische Ananas und Fruchtsalat, dazu haben sie eine rassige Säure.

Zu den etablierten Spitzengütern gehören Tesch mit seinen Weinbergen in Langenlonsheim und Laubenheim und Paul Anheuser in Bad Kreuznach, Weingut Herrmann Dönnhoff in Oberhausen, das herausragende Weine erzeugt, und das Schlossgut Diel auf Burg Layen, das allein wegen seiner fantasiereichen modernen Wandgemälde einen Besuch lohnt – sogar die Stahltanks sind bemalt. Der unternehmungslustige Armin Diel ist Weinproduzent und Weinkritiker in einem: einer der besten Weinjournalisten und Degustatoren Deutschlands. Schloss Wallhausen, seit rund 800 Jahren der Sitz der Familie von Michael Prinz zu Salm Salm, dem liebenswürdigen und hochgeachteten Präsidenten des gesamtdeutschen VDP, ist ebenfalls einen Besuch wert.

Am Fuße der imposanten Steilwand »Rotenfels« liegt die Traiser Bastei, eine windgeschützte und sonnenverwöhnte Lage.

Wir fuhren auf einem Kursschiff flussaufwärts und vernahmen mit einigem Unbehagen, dass das letzte Passagierschiff vor dem unseren nach der Kollision mit Lastkähnen ganz »loreleygemäß« gesunken war!

MITTELRHEIN

Lange habe ich dieses verhältnismäßig unbekannte Gebiet einfach als den nördlichen Fortsatz des Rheingaus angesehen, doch obgleich nicht besonders breit, reicht es ein beträchtliches Stück flussabwärts, von Bingen bis kurz vor Bonn. Die zur Hauptsache mit Riesling bepflanzten steilen Weinberge erstrecken sich zu beiden Seiten des Rheins zwischen mittelalterlichen Burgruinen und in Seitentälchen auf der linken Talseite, wie etwa bei Bacharach oder Oberwesel, und vor St. Goarshausen grüßt die legendäre Loreley.

Die vier wichtigsten Güter liegen in Bacharach: Fritz Bastian und Toni Jost, Helmut Mades und Jochen Ratzenberger im Ortsteil Steeg.

RHEINGAU

Weitherum ist anerkannt, dass Riesling, der König – oder die Königin? – der Weißweintrauben, im Rheingau die höchste Qualitätsstufe erklimmt. Auf seiner langen Reise nach Norden wird der Rhein hier für knapp 30 Kilometer vom südlichen Ausläufer des Taunusgebirges nach Westen abgelenkt.

Die Namen der Dörfer und Weinberge lesen sich wie ein Verzeichnis einiger der berühmtesten Weine der Welt und sind seit jeher im Besitz der Mächtigsten und Einflussreichsten im Lande, angefangen bei den gebildeten und fleißigen Mönchen des Mittelalters bis zu den wohlhabenden Aristokraten des 18. und 19. Jahrhunderts.

Das Gebiet ist mir heute dank meiner Verbindung zum VDP Rheingau sehr vertraut, dem ersten, der eine Vereinigung der führenden Weingüter, die »Charta«, ins Leben rief und im vergangenen Jahr sein hundertjähriges Bestehen feierte.

Obwohl die Weinberge nicht so dramatisch steil sind wie jene an der Mosel, beeindrucken sie in ihrer Anlage und Größe. Die Hänge am breiten Fluss scheinen das gesamte Gebiet zu bedecken, vom Dörfchen mit dem drolligen Namen Walluf im Osten bis ins touristenüberschwemmte Rüdesheim am westlichen Ende, unmittelbar bevor der Fluss sich verengt und nach

Norden drängt. Um die Ecke liegt Assmannshausen, berühmt für seine Rotweine und das imposante neugotische Hotel Krone. Auf dem Rückweg kommen wir an Geisenheim mit seiner Weinschule und an Winkel vorbei; und über diesen beiden Dörfern thront Deutschlands berühmtestes »Château«, Schloss Johannisberg, der Inbegriff aller historischen und aristokratischen Rheinweingüter. Es gibt schriftliche Beweisstücke, dass hier im Jahr 1775 durch Zufall die seltsam günstige Wirkung von Edelfäule (Botrytis cinerea) entdeckt wurde. Das im letzten Krieg schwer bombardierte Schloss wurde wieder aufgebaut, die Keller haben den Bombenhagel glücklicherweise überstanden und beherbergen noch heute eine Sammlung ehrwürdiger Jahrgänge. Das andere berühmte Weingut ist Schloss Vollrads, dessen ältester Teil, ein wuchtiger schiefergedeckter Turm, noch immer dem Zahn der Zeit trotzt. Der verstorbene Erwein Graf Matuschka-Greiffenclau setzte sich zeit seines Lebens für die Verbindung seiner Weine mit erlesenen Speisen ein. Ich erinnere mich gut an meine Aufzeichnung zum ersten trockenen Rheingauwein an ei-

Schloss Vollrads. Seit dem Jahr 1191 hat die Familie Matuschka-Greiffenclau hier Weinbau betrieben.

Deutschlands berühmtestes »Château«, Schloss Johannisberg, war im 19. Jh. Besitz des Fürsten Klemens von Metternich.

»Mon dieu! wenn ich doch so viel Glauben in mir hätte, dass ich Berge versetzen könnte – der Johannisberg wäre just derjenige Berg, den ich mir überall nachkommen ließe.«

Heinrich Heine

Viele sehr trockene Weine verwandeln sich,
wenn sie zu einem Essen getrunken werden:
Aus einem Aschenputtel wird eine strahlende Prinzessin,
die Speisen bringen versteckte Aromen zutage.

ner Verkaufdegustation in Kopenhagen; er stammte von Schloss Vollrads. Das war 1978, und um ganz ehrlich zu sein, meine Notiz war nicht besonders schmeichelhaft. Sieben Jahre später waren Graf Matuschka und ich Redner bei einem Wein-Wochenende in einem Hotel im Westen Englands. Am Sonntag Morgen präsentierte er eine Palette seiner Weine, von trockenen bis zu Auslesen, und erörterte ihre Vorzüge. Es folgte ein typisch englischer Sonntagslunch – Roastbeef und Yorkshire Pudding, begleitet nicht etwa von rotem Bordeaux oder Burgunder, sondern von einem trockenen Wein von Schloss Vollrads. Er passte. Ich war sehr beeindruckt und zog eine Lehre: Viele sehr trockene Weine, denen es bei einer Allein-Verkostung an Geschmack und Charakter zu fehlen scheint, verwandeln sich als Begleiter zu einem Essen und sind nicht mehr wiederzuerkennen: Aus einem Aschenputtel wird eine strahlende Prinzessin, die Speisen bringen versteckte Aromen zutage. Bleibt anzumerken, dass die meisten trockenen Rheingauweine einen recht hohen Alkoholgehalt von 12,5 bis 13 % aufweisen, weil der Traubenzucker restlos vergoren ist.

Rechte Seite: Der Klosterkeller von Eberbach versetzt uns in eine andere Epoche.

Ostwärts stoßen wir auf weitere denkwürdige Namen: Die Dörfer Oestrich, Hattenheim, Erbach und das Städtchen Eltville liegen am Rheinufer, Hallgarten und das schmucke Dorf Kiedrich zurückversetzt am Fuße der Hügel, dazwischen versteckt sich in einem kleinen Waldtal das Kloster Eberbach, eines der größten und berühmtesten Klöster Deutschlands. Rechts der Straße vom Kloster nach Hattenheim liegt der weite, ausgezeichnet gelegene, von einer Mauer eingefasste Steinberg, eine Lage erster Klasse. Die außerordentliche Ausdehnung der mittelalterlichen Gebäude spiegelt Größe, Bedeutung und Wohlstand der religiösen Institutionen wider. Die Sammlung alter und monumentaler Weinkeltern in einem der riesigen Keller ist allein schon einen Besuch wert.

Ein weiteres wichtiges Weindorf in den Hügeln ist Rauenthal, das ich immer mit den etwas reicheren Rheingauweinen in Ver-

Königin Victoria von England schätzte den Wein von Hochheim besonders; ein Weinberg wurde ihr zu Ehren »Hochheimer Königin-Victoria-Berg« genannt, und ein Gedenkstein erinnert an ihren Besuch im Jahr 1850.

bindung bringe, und schließlich, in einiger Entfernnug östlich, Richtung Frankfurt, das nette Städtchen Hochheim am Main, von dessen Namen wir Engländer merkwürdigerweise unseren Sammelbegriff für Rheinweine ganz allgemein herhaben: »Hock«. Im 18. und 19. Jahrhundert war »old Hock« ein Modewein mit hohen Preisen, 1808 bot ein englischer Aristokrat an einer Auktion eine Rekordsumme für einen hundertjährigen »Hock«! Er wird wie ein Wein aus dem 18. Jahrhundert geschmeckt haben, die im Bremer Ratskeller immer noch im Fass liegen. Mehr als einmal habe ich den 1727er Rüdesheimer Apostelwein degustiert: Er schmeckt wie alter Sherry. In der zweiten Hälfte des 19. Jahrhunderts waren Rheinweine wie gesagt in Mode und erzielten hohe Preise, unsere Königin Victoria schätzte jene von Hochheim besonders; ein Weinberg wurde ihr zu Ehren »Hochheimer Königin-Victoria-Berg« genannt, und ein Gedenkstein erinnert an ihren Besuch.

Neben den bereits erwähnten Gütern sind das Freiherrlich Langwerth von Simmern'sche Rentamt in Eltville, das Weingut Dr. Robert Weil in Kiedrich und die bedeutende Staatsweinkellerei Kloster Eberbach zu nennen; dann Domdechant Werner'sches Weingut in Hochheim, Schloss Groenesteyn in Kiedrich, Schloss Rheinhartshausen in Erbach; das aristokratische Domänenweingut Schloss Schönborn in Hattenheim, Weingut Freiherr zu Knyphausen in Erbach … die Liste scheint schier endlos. Superbe Weine machen auch der junge Gunter Künstler in Hochheim und der dynamische Bernhard Breuer in Rüdesheim. Großen Einfluss hat der vorausschauende Stefan Ress, der gegenwärtige Präsident des VDP Rheingau.

Vor kurzer Zeit leitete ich eine vergleichende Degustation einer Reihe von Weinen vom Domänenweingut Schloss Schönborn und ausgewählter »Ausländer«, hauptsächlich Franzosen. Danach sagte ich zu Graf von Schönborn-Wiesentheid, dass die bekannteren französischen Weine eher überbezahlt würden, seine dagegen meiner Meinung nach bedauerlich tief eingestuft seien.

Das Ideal deutscher Winzer ist ein Wein mit perfekter Balance zwischen Frucht und Säure.

Wenn man Qualität und Preis vergleicht, sind viele wirklich gute deutsche Weine nicht teuer und bestimmt ihr Geld wert. Abgesehen von »Imageproblemen« wissen die meisten Leute auch nicht, dass die Spitzengewächse aus dem Rheingau von einer Lagerung profitieren, und infolgedessen gibt es auch keinen Investitionsmarkt wie bei anderen Weinen.

RHEINHESSEN

Es könnte keinen größeren Kontrast zum Rheingau und der Mosel geben als die weite, rebenbedeckte Hügellandschaft, die sich auf der linken Rheinseite nördlich der Pfalz von Worms flussabwärts bis Mainz und Bingen erstreckt.

Um es mit brutaler Offenheit zu sagen: Viele Weine, die dem deutschen Wein einen billigen Anstrich gegeben haben, kommen aus dieser Ecke. Genau gesehen ergeben nur die Reben aus den erstklassigen Lagen der so genannten Rheinfront, des »Roten Hangs« am Rheinufer um Nierstein, zwischen Nackenheim und Oppenheim, etwa die Großlage Rehbach oder Niersteiner Pettenthal und Hipping, wirkliche Spitzenweine. Ich beeile mich hinzuzufügen, dass die billigen Weine aus Rheinhessen und anderen deutschen Anbaugebieten, die den britischen Markt überschwemmt haben, nicht *schlecht* sind; weder streben sie nach

Uneingeweihten fällt es oft schwer, den Unterschied zwischen Massenweinen und feineren Gewächsen in ähnlichen Flaschen mit ähnlichem Etikett und ähnlich klingendem Namen zu erkennen

Qualität, noch erreichen sie sie. Das wirkliche Problem besteht darin, dass es Uneingeweihten schwer fällt, den Unterschied zwischen diesen Massenweinen und den feineren, authentischeren Gewächsen in ähnlichen Flaschen mit ähnlichem Etikett und ähnlich klingendem Namen zu erkennen, beispielsweise zwischen einem »Bereich Nierstein« oder »Niersteiner Gutes Domtal« und einer »Niersteiner Pettenthal Riesling Auslese« eines Spitzenerzeugers: Alle sind sie weiß und halbsüß, doch was die Schönheit von Bukett, Geschmack, Feinheit, Länge und Balance angeht, liegen Welten dazwischen. Rheinhessen ist das Land der Liebfrauenmilch und ähnlicher Verschnitte, von Weinen, die ursprünglich unter populären, wohlklingenden Markennamen verkauft wurden und zu zuckersüßen, wässerigen Imitationen verkamen.

Führende, verlässliche Weingüter sind Freiherr Heyl zu Herrnsheim, Louis Guntrum und Dr. Alex Senfter, alle in Nierstein, J. Neus in Ingelheim. Dazu gibt es glücklicherweise – ähnlich den glänzenden jungen Rheingauer Winzern – einige brillante, gewissenhafte Weinmacher wie Fritz und Agnes Hasselbach vom Weingut Gunderloch in Nackenheim (neuerdings einschließlich Anton Balbach), die internationale Anerkennung erhalten. – Ich benutze den weiten Begriff »Weinmacher« mit Absicht, denn diese Weingutsbesitzer sind ebensosehr auch die Manager ihrer Reben.

Wenn wir gerade von Reben sprechen: In Rheinhessen wird, im Unterschied zu Rheingau und Mosel, ein breites Sortenspektrum angebaut, die ertragreiche Müller-Thurgau-Rebe, aber auch Silvaner und Kreuzungen von Riesling und Silvaner wie die Scheurebe mit ihrem traubigen Geschmack, Kerner, Bacchus und weitere Sorten, doch die Zukunft des qualitativ hoch stehenden Weins liegt hier wie anderswo in dem noch nicht sehr verbreiteten Riesling.

DIE PFALZ

Im Norden grenzt die Pfalz an Rheinhessen, im Süden ans Elsass, im Osten ist der Rhein ihre natürliche Grenze, im Westen die Höhenzüge der Haardt, die Fortsetzung der Vogesen und Vorbergzone des Pfälzer Waldes; die Pfalz ist von den Rheinweingebieten, die für mich klassisch sind, das südlichste.
Ihr wärmeres, milderes Klima lässt etwas vollere Weine mit weniger offenkundiger Rasse entstehen. Auch liegen die wichtigsten Weindörfer nicht, wie im Rheingau und der rheinhessischen Rheinfront, am Rhein, sondern etwas weiter entfernt an den Flanken der Haardt; die berühmtesten Namen sind, von Norden nach Süden, Kallstadt, Bad Dürkheim, Wachenheim, Deidesheim und Ruppertsberg.
Es gibt einige gute, alteingesessene Weingüter wie das hervorragende Weingut Dr. Bürklin-Wolf, das größte deutsche Gut in Privatbesitz, Weingut Reichsrat von Buhl, das ein etwas wech-

Das Weingut Müller-Catoir hat seinen Sitz in Neustadt an der Weinstraße.

Die Pfälzer sind freundliche, hilfsbereite Leute,
die Städtchen mit ihren Schieferdächern malerisch,
und ich liebe ihre reifen, rustikalen Weine.

selhaftes Schicksal durchgemacht hat, und Dr. Ludwig von Bassermann-Jordan. Die allgegenwärtige Firma Deinhard besitzt auch hier, wie im Rheingau und an der Mosel, ein erstklassiges Gut: Weingüter Geheimrat J. Wegeler und Erben. Wie in ein paar anderen großen Gebieten gewinnen einige talentierte Weinmacher internationales Ansehen, allen voran Müller-Catoir, gefolgt von J. L. Wolf.

Außer der weit verbreiteten Müller-Thurgau-Rebe und dem klassischen Riesling wachsen hier auch einige exotischere Sorten, insbesondere die manchmal zu hoch bewerteten Scheurebe und Siegrebe, die traubige Morio-Muskat und ein wenig Gewürztraminer, der hier sehr gute Ergebnisse liefert, aber weniger bekannt ist als im Elsass jenseits der Grenze.

Obwohl die Pfalz etwas abseits meiner gewohnten Pfade liegt, habe ich meine gelegentlichen Besuche sehr genossen. Die Pfälzer sind freundliche, hilfsbereite Leute, die Städtchen mit ihren Schieferdächern malerisch, und ich liebe die Weine, die obwohl nicht besonders modisch, einen gefälligen, reifen, manchmal eher rustikalen, erdigen Stil haben.

Auf einem Ausläufer der Haardt bei Landau wacht die Burgruine Hambach über den Pfälzer Reben.

BADEN

Baden ist Deutschlands südlichstes Anbaugebiet. Die große und kommerziell wichtige Weingegend liegt auf dem rechten Rheinufer, dem Südzipfel der Pfalz und dem Elsass gegenüber, ihre Weinberge reichen von Heidelberg bis zum Bodensee. Obwohl es einige gute Weingüter wie Bercher in Burkheim, Dr. Heger in Ihringen und Karl Heinz Johner in Bischoffingen gibt, wird die Gesamtproduktion von Winzergenossenschaften geprägt. Ich muss gestehen, dass ich die Gegend nur ein einziges Mal und vor vielen Jahren anlässlich eines offiziellen Besuchs des »Institute of Masters of Wine« besucht habe, aber ich kann mich gut an den weitläufigen Komplex der Zentralkellerei Badischer Winzergenossenschaften (ZBW) in Breisach erinnern, wo rund ein Drittel der Gesamtproduktion Badens lagert, und ich fragte mich, ob wir alle hinweggespült und ertränkt würden, wenn einer der Weintanks mit einem Fassungsvermögen von einer Million Liter bersten sollte!

Die badischen Weine sind wirtschaftlich von großer Bedeutung, haben aber nie die Anziehungskraft oder Gefolgschaft von Connaisseurs der so genannt klassischen Anbaugebiete im Norden gehabt, obwohl sie sehr sauber, ehrlich und verlässlich sind.

WÜRTTEMBERG

Auf derselben Besuchsreise mit den Masters of Wine kam ich auch nach Württtemberg. Die bewaldete Hügellandschaft gefiel mir, und die Residenzstadt Stuttgart, wo wir zu einem Kammermusik-Konzert in einem eleganten Barocksaal eingeladen waren, machte einen stattlichen, kultivierten Eindruck. Die Produktion dieses einst sehr großen Anbaugebiets beschränkt sich heute vornehmlich auf Durchschnittswein in Literflaschen, ein Großteil davon Rotwein aus der Trollinger-Traube.

Die angesehensten Privatgüter in Aristokratenbesitz werden angeführt vom Weingut Graf Adelmann auf Burg Schaubeck in Kleinbottwar, gefolgt vom Schlossgut Graf von Neipperg in Schwaigern und dem Weingut Fürst zu Hohenlohe-Öhringen in Öhringen.

FRANKEN

Franken, last but not least – auch, weil ich es erst vor kurzer Zeit besucht habe und es nun zu meinen Lieblingsgebieten gehört. Es ist dies die Heimat rassiger, säurebetonter Weine in der charakteristischen flachen Flasche, dem Bocksbeutel.

Würzburg ist das Zentrum, das Herz; es wurde nach der alles vernichtenden Feuersbrunst des Bombenangriffs vom Frühjahr 1945 in beeindruckender Weise und vorbildlich wieder aufgebaut. Hier sind drei berühmte Weingüter zu Hause. Das größte – und zugleich größter unabhängiger Weinbergbesitzer Deutschlands ist mit 127 Hektaren Anbaufläche das Juliusspital, eine wohltätige Stiftung mit Altersheim in einem Bau aus dem 18. Jahrhundert. Das Juliusspital ist sehr aktiv, ein gut Teil seiner Einkünfte stammt aus dem Verkauf der eigenen Weine. Seine Rebberge liegen in vielen der Weindörfer der Umgebung, zur Hauptsache dem Mainufer entlang; darunter ist auch ein schönes Stück des angesehensten Weinbergs im ganzen Frankenland, des Würzburger Stein. Das Juliusspital kann sich auch eines imposanten, 250 Meter langen Kellers rühmen, der unter der ganzen Länge der Westseite des alten Spitalkomplexes verläuft. Etwas kleiner sind das benachbarte Bürgerspital zum Heiligen Geist und der stolze Erbe des größten und spektakulärsten aller Keller: der Staatliche Hofkeller unter dem Barock-Stadtpalais Schönborn, der Residenz der Fürstbischöfe von Würzburg.

Dem Main entlang gilt: »Reben sollen Wasser sehen.«

Was mich beim Besuch des Juliusspitals und des Hofkellers abgesehen von ihrer schieren Größe und der Qualität der Weine beeindruckte, war die Vielfalt der Rebsorten. Obwohl Müller-Thurgau in Franken die ertragreichste ist und angenehmen Wein ergibt, der sein Geld wert ist, spielt Silvaner, der nirgends so gut kommt wie hier, eine wichtige Rolle und liefert würzigere, säurebetontere Weine als beispielsweise in Rheinhessen. Ebenfalls wichtig ist Rieslaner, eine Kreuzung aus Riesling und Silvaner, die

Linke Seite: Stolz thront das fürstbischöfliche Schloss Marienberg bei Würzburg über dem Main.

Das Frankenland ist allein schon wegen der Schönheit seiner Landschaft und der Architektur einen Besuch wert: Städte wie Bamberg oder Rothenburg und Bauten von Barockarchitekten wie Balthasar Neumann sind eine Augenweide.

1921 im Staatlichen Hofkeller gelang. Weil ich diese Sorte weniger gut kannte, gab es im Hofkeller für mich einige höchst interessante und überzeugende Beispiele zu verkosten: ein kitzelndes Säurespiel – in schwachen, sonnenarmen Jahren sind die Trauben zu sauer und werden nicht verwendet – und sehr attraktiv. Jede dieser Sorten und natürlich die rote Spätburgundertraube, gibt es in allen Qualitätsstufen, vom Qualitätswein bestimmter Anbaugebiete (QbA) über alle Stufen der Qualitätsweine mit Prädikat – Kabinett, Spätlese, Auslese (trocken und halbtrocken), Beerenauslese, Eiswein und Trockenbeerenauslese (bei meinem letzten Besuch genoss ich zwei wunderbare TBA) – da versteht man unschwer, warum es Leute gibt, die es für kompliziert, ja unmöglich halten, sich bei deutschem Wein zurechtzufinden!

Doch das Frankenland ist allein schon wegen der Schönheit seiner Landschaft und der Architektur einen Besuch wert: Städte wie Bamberg oder das mittelalterliche Rothenburg im Süden und Prachtgebäude von Barockarchitekten wie Balthasar Neumann sind eine Augenweide.

Manchmal scheint die Zeit stillzustehen: Mein letzter Besuch galt Castell, dank einem zufälligen Treffen mit Philippa, der Gemahlin des gesamtdeutschen VDP-Präsidenten Prinz Salm, deren Vater, Fürst zu Castell-Castell, das Anwesen besitzt wie seine Vorfahren seit einem Jahrtausend. An einem wunderschönen, sonnigen Sommer-Sonntagnachmittag kamen meine Frau und ich in dem idyllisch gelegenen, hübschen Dörfchen Castell mit seinen roten Ziegeldächern an. Das Schloss, ein prächtiger Familiensitz, thronte über den Weinbergen – und das jährliche Weinfest war in vollem Gange: Fünfhundert Leute, Besucher und die Angestellten der Castell-Bank, der Castell-Wäldereien, Castell-Bauernhöfe und Castell-Weinberge. Eine große, glückliche und hochangesehene Familie. Sehr feudal. Und alles in anscheinender Harmonie.

REBSORTEN

Deutschland ist die nördlichste der klassischen Weinbauregionen Europas, und die Gebiete beidseits des Rheins haben zwar Kontinentalklima – aber Riesling, die edelste aller Sorten, braucht viel Sonnenschein, um voll auszureifen, hat dafür den Vorzug, dass sie in allen Qualitätsstufen hervorragende Weine ergeben kann. Die Silvaner-Rebe, einst die ertragreichste Sorte, welcher Müller-Thurgau jetzt den Rang abgelaufen hat, kann exzellent sein, wie in Franken, aber auch recht langweilig. Beeindruckt durch den Erfolg des bodenständigen Müller-Thurgau und der weniger verbreiteten Rieslanerrebe, haben die Winzer auf der verständlichen, aber in meinen Augen fehlgeleiteten Suche nach neuen, frühreifen, unkomplizierten Trauben in den Nachkriegsjahren den besten und charakteristischsten Sorten den Rücken gekehrt. Zum Glück besinnt man sich heute auf die traditionellen und besten zurück.

EINE FÜLLE VON QUALITÄTEN UND STILEN

Der einzigartige Vorzug der deutschen Weine ist zugleich auch der Hauptgrund für die Verwirrung, die um sie herum herrscht: diese Vielfalt der Stile, von knochentrocken bis außerordentlich süß, von wohlfeilen roten und weißen Massenweinen bis zu extrem teuren Raritäten in winzigen Produktionsmengen … Wagen Sie das Experiment und genießen Sie!

Der einzigartige Vorzug der deutschen Weine ist zugleich auch der Hauptgrund für die Verwirrung, die um sie herrscht. Diese Vielfalt der Stile – von knochentrocken bis honigsüß, von Massenweinen bis zu echten Raritäten!

Die großen Jahrgänge

Die Jahrgänge
Historisch: 1748, 1846, 1870, 1893, 1921, 1929, 1937.
Die besten Nachkriegsjahrgänge: 1945, 1947, 1949, 1953, 1959, 1967, 1971, 1975, 1976.
Die jüngeren Jahrgänge: 1981 kleine Ernte, geringe Qualität; 1982 Rekordernte, durchschnittliche Qualität; 1983 gut; 1984 schwach; 1985 gut, jetzt köstlich; 1986 schwankend; 1987 schwach; 1988 gut, besonders Mosel, Pfalz, Rheinhessen; 1989 große Ernte, sehr gute Weine; 1990 hervorragend; 1991 späte Lese, schwankend; 1992 ebenfalls schwankend, die besten sehr gut; 1993 spät gelesene Weine sehr gut; 1994 gut bis hervorragend; 1995 kleine Ernte, stark schwankend, aber gute Weine von der Mosel und Nahe; 1996 kleine Ernte, aber einige Spitzenweine.

Einzelne Weine
1989er: Rüdesheimer Berg Schlossberg Riesling Beerenauslese (Schloss Schönborn), Münsterer Königschloss Scheurebe TBA (Weingut Schäfer).
1990er: Oestricher Lenchen Riesling Spätlese (August Eser), Kiedricher Sandgrub Riesling Auslese (Weingut Freiherr zu Knyphausen), Hochheimer Hölle Riesling Auslese (Geheimrat Aschrott), Assmannshauser Hollenberger Spätburgunder Auslese (Hotel Krone).
1991er Rüdesheimer Berg Schlossberg Charta Doppelmagnum (Weingut Georg Breuer).
1992er: Kiedricher Gräfenberg Riesling Beerenauslese Goldkapsel (Weingut Dr. Robert Weil), Erbacher Marcobrunner Riesling Beerenauslese (Schloss Rheinhartshausen).
1993er Kiedricher Gräfenberg Riesling Beerenauslese (Weingut Dr. Robert Weil).
1994er Hochheimer Riesling Auslese (Domdechant Werner'sches Weingut).
1995er: Erdener Prälat Riesling Auslese Goldkapsel (Weingut Dr. Loosen), Oberhäuser Brücke Riesling Auslese (Weingut Hermann Dönnhoff), Dorsheimer Pittermännchen Riesling Spätlese (Schlossgut Diel).
1996er Erdener Prälat Riesling Goldkapsel (Dr. Loosen).

Meine Lieblings-Weine

Die größten je verkosteten reifen Klassiker: **1862er** Schloss Johannisberg Goldblaulack und **1921er** Niersteiner Auflangen Riesling Auslese (Franz Karl Schmitt).
1937er: Erbacher Marcobrunn Riesling Auslese (Schloss Reinhartshausen), Rauenthaler Baiken Auslese (Staatsweingut), Wachenheimer Goldbächel-Gerümpel allerfeinste Goldbeeren-TBA (J. L. Wolf Erben), für mich der beste von allen: *»Sehr dunkles, aber schönes Tawny mit bernsteingrünem Rand; prachtvolle konzentrierte Essenz von Honig und Rosinen; recht süß, sehr reich und mit intensivem Extrakt und Geschmack. Spur von Dörrpflaume. Fabelhafte Länge.« (Sept. 1986, aus: Broadbents Weinnotizen).*
1947er Schloss Vollrads TBA.
1949er Wehlener Sonnenuhr Riesling Auslese (J. J. Prüm).
1953er Rauenthaler Pfaffenberg TBA (Staatsweingüter Eltville).
1959er: Erbacher Marcobrunn, Riesling Auslese Kabinet (Schloss Reinhartshausen), Rauenthaler Baiken TBA (Staatsweingüter), Steinberger Auslese (Staatsweingüter).
1964er Dom. Scharzhofberger Riesling, Fass Nr. 7 (Hohe Domkirche).
1967er: Deidesheimer Leinhöhle Riesling TBA (v. Buhl), Forster Kirchenstück Riesling TBA (Bürklin-Wolf), Rauenthal Herberg Auslese Kabinet (von Simmern), Schloss Johannisberger Riesling TBA.
1971er: Ein großartiger Jahrgang; unter vielen guten Auslesen und Trockenbeerenauslesen ragten hervor: Erbacher Schlossberg Ruländer TBA (Schloss Rheinhartshausen), Geisenheimer Kläuserweg Riesling TBA (Deinhard).
1976er: Scharzhofberger Beerenauslese (Egon Müller), Maximin Grünhäuser Herrenberg Riesling Auslese (v. Schubert), Oppenheimer Sackträger Gewürztraminer TBA (Guntrum), Schloss Vollrads Beerenauslese und TBA, Graacher Himmelreich TBA (S. A. Prüm), Hochheimer Königin-Victoria-Berg Riesling Beerenauslese (Pabstmann).
1983er: Hochheimer Kirchenstück Riesling Auslese (Künstler), Hallgartner Schönhell Riesling Eiswein (Karl F. Engelmann).
1985er Ingelheimer Schloss Westerhaus Riesling Eiswein (von Opel) – der beste Eiswein, an den ich mich erinnern kann: *»Reines Goldgelb; herrlich, beschwingt, Traube, Pfirsich, Mango und Honig; sehr süß, köstlicher, lebhafter, fruchtiger Geschmack, perfekte Säure.« (Sept. 1988, aus: Broadbents Weinnotizen).*
1985/86 Casteller Bausch Mariensteiner Eiswein (Fürst Castells allererster Eiswein, am 31. 12. 1985 und 1. 1. 1986 gelesen, der erste Eiswein »made in Franken«). Zuerst mit Michael Prinz zu Salm-Salm verkostet, dem Schwiegersohn des Fürsten, dem die Weinbereitung seit 1983 untersteht: *»Helles Butterblumengelb; sehr kräftige Honig- und Gewürznase, mit jugendlicher, Reineclaudeartiger Frucht; sehr süß, sehr reich, mit hoher, geschmacksintensivierender Säure, sauber und lebhaft.« (November 1988, aus: Broadbents Weinnotizen).*

CHAMPAGNE
POMMERY
BRUT LOUISE
PRODUCE OF FRANCE

CHAMPAGNER
INBEGRIFF VON ELEGANZ UND LUXUS

CHAMPAGNER

»Champagne Charlie is my name,
Champagne drinking is my game.«

So lauteten die Verse eines beliebten englischen Music-hall-Songs des ausgehenden viktorianischen Zeitalters. Paris taumelte im Festrausch des *Fin-de-siècle* und alle anderen europäischen Großstädte taten es ihm nach, Berlin, Wien … Unmittelbar nach der Jahrhundertwende bestieg Königin Viktorias ältester Sohn, Edward, der Prinz von Wales, den Thron, und seine extravagante Regierungszeit begann.
Es war die Zeit der Champagner-Rekordverkäufe, die sich in der prächtigen Architektur der Neubauten von Reims niederschlugen; das beeindruckende Haus von Pommery & Greno z. B. entstand in jenen Tagen. Aber nicht bloß die Reichen Europas tranken Champagner: Zwischen 1900 und 1912 war, ob man's glaubt oder nicht, der größte Importeur dieses Luxusgetränks – Chile! Champagner war seit je modisch, teuer und ein Genuss.

DER CHAMPAGNER

Ich bin eigentlich kein »Champagne Charlie«, doch ich genieße durchaus ein Gläschen oder zwei, und das recht häufig. Champagner ist vielseitig: Mit etwas frischgepresstem Orangensaft belebt er das Frühstück, am späten Vormittag ist er eine elegante Erfrischung. Ohne Frage wird er von vielen als der perfekte Aperitif angesehen, obwohl ich für mein Teil einen trockenen Sherry fino vorziehe, um den Appetit anzuregen.
Andererseits teile ich die Meinung, dass er eine ganze Mahlzeit begleiten kann. Ich habe sogar manche geselligen und außerordentlich fleißigen Weintrinker kennen gelernt, die nach einem großen Diner eine Flasche als »Schlummertrunk« entkorkten, bevor sie zu Bett gingen. Das geht für mich allerdings zu weit.
Champagner ist der festliche Wein *par excellence*: Mit ihm lässt man beim Hochzeitsempfang das Brautpaar hochleben, feiert die Geburt oder die Taufe eines Babys, stößt am Hochzeitstag an. Alles wunderbar, obwohl ich persönlich Champagner zu Hoch-

Rechte Seite: Taittingers Sujet zur Jahrtausendwende. Beim Champagner verbinden sich seit jeher Mode, Eleganz und Erotik wie bei keinem anderen Wein.

Die Qualität und der Stil von Champagner rühren von dem Kalkboden und Klima Nordfrankreichs her und sind das Resultat des Verschneidens verschiedener Weine aus den Rebbergen der Region zu so genannten Cuvées.

zeitskuchen nicht mag – der üppige Kuchen, der viele Zucker und die Glasur lassen den Champagner metallisch, »tintig«, schmecken. Er wird auch missbraucht, ja sinnlos vergeudet, wenn ich etwa an die teuren Flaschen denke, die siegreiche Grand-Prix-Piloten bei der Preisverteilung über ihre geschlagenen Mitkonkurrenten versprühen. Was für eine Verschwendung!

Warum ist Champagner so erfolgreich? Für viele Leute in erster Linie dank seines Luxus-Images und seines Preises, des Tons der knallenden Korken und des unwiderstehlichen Anblicks der perlenden Bläschen. Er ist der Wein, der mit freudiger Festlichkeit in Verbindung gebracht wird, eine der kleinen Extravaganzen des Lebens.

Die nächste Frage: Warum ist Champagner so etwas Besonderes, wo doch fast auf der ganzen Welt so viele ähnliche Schaumweine produziert werden? Für mich besteht kein Zweifel: Es gibt tatsächlich einen Unterschied zwischen einem guten Champagner und auch dem besten Schaumwein. Er kann in zwei Worten zusammengefasst werden: Länge und Finesse. Die Qualität und der Stil von Champagner rühren nicht allein von den verwendeten Traubensorten her, sondern von dem speziellen Boden und Klima Nordfrankreichs und sind das Resultat des Verschneidens verschiedener Weine aus den Rebbergen der überraschend großen Champagner-Region zu so genannten *Cuvées*.
Nehmen wir zum Beispiel einen kalifornischen Schaumwein. Er wird aus den selben Traubengrundsorten gekeltert sein, wie sie

Hautvillers am Fuß der »Montagne de Reims« zwischen Reims und Epernay. In der Abtei von Hautvillers wirkte im 17. Jahrhundert der legendäre Dom Pérignon als Kellermeister.

Ein ständiger Strom von feinen Bläschen, keines größer als eine Nadelspitze, perlt vom Grund des Glases empor. Nur bei Champagner von guter Qualität wird dieser Bläschenstrom nicht abreißen.

in der Champagne angebaut werden, mit ziemlicher Sicherheit Chardonnay, möglicherweise mit etwas Pinot noir. Doch das Klima ist anders, zu warm; der Boden zu reich – sicher nicht kalkhaltig. Und trotz effizienter Produktionsweise, zweifellos gemäß der *Méthode champenoise*, wird ihm die Subtilität einer Cuvée aus vielen verschiedenen, sich ergänzenden Weinen von Rebbergen in verschiedenen Gebieten abgehen. Das Ergebnis wird, bei aller Ähnlichkeit, ein guter, sauber gemachter Schaumwein sein – aber eben kein Champagner.

Bevor ich die Champagne und die Produktionsmethoden kurz beschreibe, will ich zu skizzieren versuchen, wonach ich beim Verkosten – und natürlich Trinken – eines Glases Spitzenchampagner suche. Wenn der Korken mit aller Vorsicht entfernt wird, ertönt wie zur Vorankündigung ein kleines »Plop«, und beim Eingießen bildet sich ein attraktiver, lebhafter Schaum, die *Mousse*, auf der Oberfläche im Glas. Achten Sie darauf, die Flasche nicht zu stark zu schütteln, sonst wird der Korken zu schnell herausgeschleudert, und bis zu einem Drittel des Weins schießt heraus und geht verloren. Das Erscheinungsbild ist vielleicht ein glänzendes Blassgelb, mit Reflexen von reinem Gold. Die Mousse wird sich gelegt haben, und ein ständiger Strom von feinen Bläschen, keines größer als eine Nadelspitze, perlt vom Grund des Glases empor. Nur bei Champagner von guter Qualität wird dieser Bläschenstrom nicht abreißen, bei gewöhnlichem Schaumwein verschwindet die Mousse bald ganz.

Das Bukett von Champagner ist schwierig zu beschreiben. Ohnehin habe ich den Verdacht, dass von allen Weinen der Champagner derjenige ist, dessen Bukett am wenigsten beachtet und geschätzt wird, und ich wage zu behaupten, auch am wenigsten wichtig ist. Doch ein feiner Champagner wird sicherlich einen attraktiven Duft haben, manchmal cremig, manchmal wie frisches Brot, manchmal an Walnüsse erinnernd; alles hängt von der Marke, der Qualität, dem Alter ab.

EIN BESUCH IN DER CHAMPAGNE

Ich hatte das Glück, die Champagne bei vielen Gelegenheiten zu besuchen, und ich legte Wert darauf, jeweils mindestens eines der verschiedenen großen Häuser, der *Maisons*, aufzusuchen, um zu degustieren und zu lernen. Glücklicherweise braucht man nicht unbedingt ein Journalist oder Händler zu sein oder eine persönliche Empfehlung vorzulegen, obwohl es ganz nützlich sein kann. Die meisten Champagnerfirmen sind für Besucherempfang eingerichtet und bieten geführte Besichtigungen sowie eine Probe an.

In meinen ersten Jahren im Weinhandel hatte ich das doppelte Glück, die Champagne und ihren Wein gründlich kennen zu lernen. Die so genannte »Champagner-Akademie« war im Frühjahr 1957 von den zwölf führenden Markenfirmen gegründet worden und begann als ein zweiwöchiger Kurs für junge, im Weinhandel tätige Engländer in der Champagne selbst. Ich bekam einen Platz im zweiten Kurs der Akademie im Herbst 1957. Für einen jungen Weinhändler oder Gastwirt war dies eine wunderbare Gelegenheit, den Champagner zu studieren und nicht nur alles über seine Herstellung zu erfahren, sondern auch die Ziele und Stil-

Der stattliche Hauptsitz von Pommery & Greno in Reims.

Man braucht nicht unbedingt eine persönliche Empfehlung vorzulegen – die meisten Champagnerfirmen sind für Besucherempfang eingerichtet und bieten geführte Besichtigungen sowie eine Probe an.

richtungen der führenden Häuser kennen zu lernen. Davor waren sie für mich bloß Namen. Der Kurs wurde zu gleichen Teilen in den beiden Zentren abgehalten, in der historischen Stadt Reims und dem Städtchen Epernay, dessen Straße mit dem sinnigen Namen Avenue de Champagne zu beiden Seiten von Häusern mit bekannten Firmennamen flankiert wird. Zwischen Reims und Epernay erhebt sich ein Hügel, *Montagne de Reims*, an dessen Nord-, Ost- und Südhängen Weinberge liegen, die zum größten Teil mit Pinot noir, einer der drei Hauptsorten, bepflanzt sind. Weiter im Süden liegen Epernay, mit seinen teppichartig ausgebreiteten Weingärten, und berühmte Dörfer wie Cramant und Avize, wo Chardonnay angebaut wird. Die dritte Sorte ist Pinot Meunier.

Was der flüchtige Besucher dieser Zentren nicht bemerkt, ist, dass das Champagner-Gebiet sich noch viel weiter erstreckt, bis nach Troyes, das schon ein gutes Stück auf dem Weg nach Burgund liegt. Und diese enorm weite Fläche, auf der die Weingärten verteilt sind, sorgt für die Vielfalt und den Umfang eines doch bemerkenswert großen Industriezweigs.

Die erste Gärung findet im Fass statt. In der Champagne sind viele Keller schon vor Jahrhunderten in den weichen Kalkfelsen eingeschnitten worden.

CHAMPAGNER-HERSTELLUNG

Praktisch jedes Weinbuch, das auch ein Kapitel über Champagner enthält, wird den Leserinnen und Lesern die komplizierten und teuren Methoden der Champagnerherstellung schildern.

Die Trauben werden geerntet und gemaischt, der Wein wird gekeltert wie jeder andere Tafelwein, es gibt nur eine Besonderheit: Die Rotweintraube Pinot noir wird sehr rasch gepresst und der Most augenblicklich von den Häuten getrennt, damit diese den Wein nicht färben können. Nur bei der Herstellung von Rosé-Champagner dürfen sie etwas Farbstoff an den Most abgeben.

Im Frühjahr findet in jedem Champagner-Haus eine Reihe äußerst wichtiger Proben statt, um den Charakter und die Qualität der Weine aus den eigenen Weingärten und der zugekauften einzuschätzen. Die Prüfenden, für gewöhnlich Önologen, aber auch langjährige Geschäftspartner der Firma, müssen bis zu einigen hundert Proben sehr junger und säurelastiger Weine aus allen drei Traubensorten beurteilen. Sie experimentieren, verschneiden die verschiedenen Weine, bis sie die Cuvées definiert und unabhängige Lieferanten unter Vertrag genommen haben, um den Stil ihrer jahrgangslosen Hausmarke, ihres Jahrgangs-Champagners und ihres De-Luxe-Labels festzulegen. Eine sehr anspruchsvolle und wichtige Aufgabe.

Zum Komponieren der Cuvées braucht es eine feine, geübte Nase.

Der nächste Schritt verläuft ganz anders als bei anderen Weinen: Champagner macht in der Flasche eine kontrollierte zweite Gärung durch, bei der sich Kohlendioxid bildet, wodurch ein hoher Druck entsteht. Wenn der Korken geknallt hat, setzt es sich in Abertausenden von perlenden Bläschen frei. Dies ist, ich gebe es zu, eine stark vereinfachte Darstellung, denn es braucht Zeit und geduldiges Rütteln, damit der bei der Flaschengärung entstehende Bodensatz sich im Hals ablagert, und die Technik,

mit der man ihn daraus entfernt und die Flasche mit dem endgültigen Korken verschließt, hat es ganz schön in sich, obwohl sie eine Routinearbeit im Herstellungsprozess ist.
Ich frage mich oft, ob die Leute, die sich leichthin zuprosten und Champagner trinken, sich des ungeheuren Aufwands an Geduld und Geschicklichkeit, Zeit und Geld bewusst sind, der hinter dem »Plop« steckt, das sie so selbstverständlich hinnehmen!

SPIELARTEN DES CHAMPAGNERS

Das Folgende trifft mehr oder weniger auf alle Champagnerfirmen zu, denn die meisten haben eine Palette von mehreren Weinen, nicht nur eine Hausmarke.

Jahrgangslos (o. J.) ist keine Bezeichnung, die auf dem Etikett erscheint. Im allgemeinen hat der »Grundstein«, die Hausmarke einer Firma keinen Jahrgang. Sie ist ein Verschnitt aus Weinen mehrerer, ziemlich sicher aber von mehr als zwei Jahrgängen und kommt verhältnismäßig rasch auf den Markt, auch wenn manche Firmen sogar ihrer Hausmarke bis zu drei Jahren Flaschenlagerung gönnen.

Jahrgangs-Champagner (Vintage) ist ein Verschnitt von Weinen eines einzigen Jahrgangs mit üblicherweise längerer Flaschenlagerung. Ich erinnere mich gut, dass mein Favorit, Pol Roger 1976, der britischen Presse und dem Handel an einem schönen Frühlingstag im März 1982 präsentiert wurde. Während ich diese Zeilen schreibe, kommen die 1990er auf den Markt. Qualitativ sollte Jahrgangs-Champagner dem weniger teuren jahrgangslosen überlegen sein, und sein Charakter und Stil sollte unverkennbar sein. Persönlich ziehe ich einen »zünftigen« Jahrgangs-Champagner dem De-Luxe-Label vor, und dies nicht nur wegen des Preises.

De-Luxe-Labels: Die meisten größeren Firmen produzieren eine De-Luxe-Version. Die besten werden die *Crème de la crème* mit beschränkter Auflage darstellen, die Spitzenklasse, dem Konzept eines Jahrgangs-Ports vergleichbar. Gewiss darf man echte Qualität voraus-

Linke Seite:
Am Rüttelpult wird jede Flasche von Hand bewegt, damit der bei der Flaschengärung entstehende Bodensatz sich im Hals ablagert.

Ich selbst und viele meiner Bekannten kellern guten jahrgangslosen Champagner für zwei, drei Jahre ein. Mir scheint, dies gebe dem Wein zusätzliche Tiefe.

setzen, hoffentlich Raffinesse, sicher Unverkennbarkeit; aber man zahlt auch einen hohen Preis für die extravagante Flasche und die luxuriöse Aufmachung. Mit zwei, drei weiter unten aufgeführten Ausnahmen empfehle ich, diese teuren Flaschen den Ölscheichs und anderen notorischen Verschwendern zu überlassen!

Alter Champagner: Der meiste Champagner wird jung getrunken, meiner Meinung nach zu jung. Ich vermute, dass er innerhalb von Monaten, ja schon von wenigen Wochen, nachdem er auf den Markt gekommen ist, ausgetrunken ist. Sind es nur wir

Engländer, die älteren, und damit auch zweifellos reiferen Champagner schätzen, ja vorziehen?
Ich erinnere mich ganz genau, dass meine frühere Firma, Harvey's of Bristol, jahrgangslosem Champagner zusätzliche Zeit zum Reifen in der Flasche gönnte, üblicherweise mindestens neun Monate Keller nach der Anlieferung. Unsere Kundschaft wusste dies zu schätzen, und es kostete sie nichts. Ich selbst und viele meiner Bekannten kellern guten jahrgangslosen Champagner für zwei, drei Jahre ein. Mir scheint, dies gebe dem Wein zusätzliche Tiefe.

Das verträumte Mareuil-sur-Ay liegt südlich der »Montagne de Reims« am Seitenkanal der Marne, unweit von Epernay.

Öffnen Sie eine Flasche eines jungen Champagners und gießen Sie etwas davon zu dem alten Wein in Ihrem Glas: Der alte Champagner hat Geschmack und Charakter, der junge wird Frische, Glanz und Leben beisteuern.

Meiner Ansicht nach ist ein guter Jahrgangs-Champagner zwischen acht und zwölf Jahren nach der Ernte am besten, aber ein wirklich alter Jahrgang kann eine Offenbarung sein. Dank meiner Arbeit bei Christie's und Freunden, mit denen ich alte Flaschen teile, habe ich manch wunderbares Erlebnis gehabt.

Wie bei den meisten anderen alten Weinen kommt es dabei auf zweierlei an: Erstens sollten Wein und Jahrgang zur Spitzenklasse gehören; und zweitens muss der Wein korrekt gelagert worden sein, vozugsweise in einem alten, leicht feuchten Keller. Ein frisch geöffneter alter Jahrgang direkt aus den Kellern eines Champagner-Hauses schmeckt anders. Häufig werden sie aufgefrischt und neu verkorkt, was ihnen meiner Ansicht nach einen etwas künstlichen Anstrich von neuem Leben verleiht.

Zwei praktische Hinweise, wenn Sie auf eine sehr alte Champagnerflasche stoßen: Verzweifeln Sie nicht, wenn die Flasche nicht mehr bis obenhin gefüllt ist. Auch wenn das Niveau unter den unteren Rand der Metallfolie der Korkenhülle gesunken ist, kann der Wein noch gesund und trinkbar sein. In diesem Fall ist das Kohlendioxid (die »Bläschen«) nicht mehr im Wein gelöst, sondern im Flaschenhals zusammengepresst. Alles hängt vom Zustand des Korkens ab. Wenn die Metallfolie beschädigt ist, der Korken gar geschrumpft und lose, dann wird der Champagner verdorben und oxidiert sein. Wenn ein alter Champagner, sagen wir Jahrgang 1947 oder noch älter, eingeschenkt wird, muss man sich auf eine tiefe Farbe und nur wenig oder gar keine Bläschen gefasst machen. Wenn der Wein jedoch hell ist, einen schönen

Der Korken ist ein untrügliches Indiz für das Alter einer Flasche Champagner: Je dicker er ist, desto jünger die Flasche, je dünner, desto älter.

Goldton hat und sauber und gesund riecht, dann kosten Sie ihn, er sollte gut zu trinken sein, auch wenn er eher wie ein alter Burgunder schmecken wird als wie Champagner.

Mein zweiter Tipp: Öffnen Sie eine ganze oder halbe Flasche eines jungen Champagners, es braucht kein Jahrgangswein zu sein. Gießen Sie etwas davon zu dem alten Wein in Ihrem Glas: Der alte Champagner hat Geschmack und Charakter, der junge wird Frische, Glanz und Leben beisteuern.

DAS IMAGE VON LUXUS IM WECHSEL DER MODEN

Wie bereits erwähnt, war Champagner immer schon modisch, begehrt und teuer. Der Wein der Gegend, rot wie weiß, war schon vor der Dom Pérignon, dem Kellermeister der Abtei Hautvillers im 17. Jahrhundert, zugeschriebenen Erfindung der Bläschen gefragt. Auch nachdem der Schaumwein Anfang des 18. Jahrhunderts eingeführt worden war, blieb trockener Wein der beliebteste und teuerste; Roter und weißer Wein – still oder schäumend – aus der Champagne wurde damals in den vornehmsten Häusern Englands serviert; im letzten Viertel dieses Jahrhunderts erzielte dieser Wein sogar den doppelten Preis der besten roten Bordeaux. Wenn ich wieder Christie's einzigartiges Katalogarchiv zitiere, dann deshalb, weil diese Verkaufszahlen erkennen lassen, welche Weine die beliebtesten und gesuchtesten waren. In späteren Jahren geben sie auch genau an, welche Marken zu einer bestimmten Zeit in Mode waren; oft sind sie heute praktisch vergessen.

Zum ersten Mal tauchte die Bezeichnung »Champaigne« [sic] 1768 an einer Versteigerung auf, zwei Jahre, nachdem James Christie sein Auktionshaus gegründet hatte. Die Kataloge jener Zeit führen auch »Vin d'Ay« (aus dem Ort Ay bei Epernay, heute Sitz von Bollinger) und »Sillery« bei Reims, damals berühmt für seinen sehr teuren, trockenen, stillen Wein, auf.

Das Original der Abhandlung des Kellermeisters Dom Pérignon über den Rebbau in der Champagne.

Die Flaschenkeller in der Champagne beeindrucken allein schon durch ihre Größe. Da lagern viele Millionen von Flaschen!

Im Laufe des 19. Jahrhunderts gewann Champagner stetig an Beliebtheit und Prestige und erzielte auf Auktionen der Jahrhundertwende Flaschenpreise, die während der folgenden siebzig Jahre von keinem Wein mehr erreicht wurden!

Wie Bordeaux und Port wurde auch Champagner als generisches Produkt vermarktet, Erzeugernamen tauchen erst nach dem ersten Viertel des 19. Jahrhunderts auf; damals erzielte Champagner den doppelten Preis des feinsten Portweins. Der erste Name, der in einem Weinkatalog von Christie's erwähnt wird, ist Moët im Jahr 1829, gefolgt von »Perrier Joué« [sic] 1836, zwei Namen, die beide noch heute äußerst lebendig sind, während Chanoine, 1838 aufgeführt, bald vergessen wurde. Eigenartigerweise wird Ruinart, die älteste aller Firmen, nicht vor 1840 in den Katalogen genannt.

Champagner ist der Ausdruck wahrhaft überschäumender Lebenslust und Sinnenfreude, der Wein für rauschende Bälle, stilvolle Feiern und intime Feste.

Im Laufe des 19. Jahrhunderts gewann Champagner, nun praktisch immer als Schaumwein, kontinuierlich an Beliebtheit und Prestige. 1874 wurde als bester Jahrgang angesehen, Magnumflaschen von Perrier-Jouët erzielten in den achtziger Jahren des letzten Jahrhunderts Auktionspreise, die bis 1967 von keinem Wein erreicht wurden!

Neben Moët und Perrier-Jouët waren die bekanntesten Champagnerfirmen vor 1914 Pommery & Greno, Ayala und Delbeck, Mumm und Heidsieck etwas weniger. Die zwei gegenwärtigen Spitzenchampagner, Bollinger und Krug, gehörten damals nicht zur selben Klasse. Sie erreichten ihren Ruhm erst später.

CHAMPAGNE
Roland Fliniaux
CHAMPAGNE
MARC - RATAFIA
ROLAND FLINIAUX

Das Bukett von Champagner ist schwierig zu beschreiben. Ohnehin habe ich den Verdacht, dass von allen Weinen der Champagner derjenige ist, dessen Bukett am wenigsten beachtet wird – und auch am wenigsten wichtig ist.

Der Weinberg der »Vieilles Vignes Françaises« von Bollinger.

Die folgenden Notizen sollen nicht als umfassende Kritik verstanden werden, sondern lediglich als persönliche Anmerkungen zu einzelnen Namen in alphabetischer Reihenfolge:

Bollinger: Immer noch ein Familienbetrieb mit Sitz in Ay, und ein Favorit der englischen Oberschicht. Der echte »Buck's Fizz« wurde in Buck's Club in London erfunden – wo er noch heute aus großen Silberkrügen getrunken wird – und besteht aus Bollinger und frisch gepresstem Orangensaft.
Ich fand den jahrgangslosen in den letzten Jahren etwas säurelastig, doch der Jahrgangswein »Vieilles Vignes Françaises« von ungepropften Reben wie aus der Zeit vor der Reblausinvasion aus einem zwei Hektaren großen Weinberg ist hervorragend. Ich bedaure sagen zu müssen, dass ich ihr Qualitätslabel »R. D.« nicht besonders schätze; es schmeckt für mich zu sehr nach Stroh und altert vorzeitig.

Veuve Clicquot: Sowohl der jahrgangslose Wein mit seinem unverwechselbaren leuchtenden, tiefgelben Etikett wie auch der Jahrgangs-Clicquot gehören für mich zu den besten und zuverlässigsten von allen. Das De-Luxe-Label La Grande Dame ist exzellent. Es ist nach der Witwe Clicquot selbst benannt, die 1772 als 27jährige Frau den Mut hatte, die Firma zu übernehmen, sie glänzend führte – und sogar zu vergrößern vermochte.

»Wie lieb und luftig perlt die Blase
Der Witwe Klicko in dem Glase. –«
W. Busch, »Die fromme Helene«

Charles Heidsieck: Hier hat sich viel getan. Früher wurde nur ein Jahrgangs-Champagner beinahe zum Preis eines jahrgangslosen verkauft. In den letzten Jahren hat er sich so verbessert, dass er kaum mehr wiederzuerkennen ist, der Brut Réserve ohne Jahrgang ist interessant und hat einen ausgeprägten Geschmack. Im vergangenen Jahr wurden jahrgangslose Weine mit Abfülldatum eingeführt.

Die anderen Heidsiecks: Sowohl Heidsieck Dry Monopole als auch Piper Heidsieck haben Höhen und Tiefen durchlebt, wobei die Tiefen meiner Ansicht nach überwiegen. Dry Monopole war Ende des 19. Jahrhunderts berühmt, doch als ich in den späten fünfziger Jahren die Champagner-Akademie besuchte, war die Qualität bescheiden, zu jener Zeit die geringste der zwölf großen Häuser. Heute ist sie wieder besser. Auch Piper schätzte ich damals als schwach ein, heute hat die Firma ihr gutes Ansehen wiedererlangt.

Krug: Während vieler Jahre der Lieblingschampagner englischer

Connaisseurs; exzellent, aber sehr teuer. Das Haus gehört zwar zum Rémy-Cointreau-Konzern, doch die Familie Krug führt die Firma, und dank ihren erfahrenenen Gaumen wird der bemerkenswert hohe Standard gehalten.
Das Flaggschiff ist die Grande Cuvée, den die Familie verständlicherweise nicht gern einfach zu den jahrgangslosen Champagnern gezählt sieht: eine überragende Cuvée, die ihren Ruhm verdient. Jahrgangs-Krug gehört zur Spitze und lässt sich gut lagern.

Lanson: Ein Name, der bis ins 19. Jahrhundert zurückreicht. Der jahrgangslose Black Label ist bekannt, aber von schwankender Qualität, der Jahrgangswein Red Label ist gut.

Laurent-Perrier: Einer der großen Gewinner der letzten Jahre, ein äußerst erfolgreicher und guter Wein.

Moët & Chandon: Wenn ich Moët als den »Ford« unter den Champagnern bezeichne, möchte ich nicht geringschätzig wirken: Diese Champagner-Firma ist bei weitem die größte und absolut zuverlässig. Der jahrgangslose Moët ist der meistverkaufte Champagner der Welt, und ihr De-Luxe-Label Dom Pérignon ist die bekannteste und beliebteste Luxusmarke der Welt. Dazwischen, beinahe vergessen, gibt es den normalen Jahrgangs-Champagner von hoher Qualität, bei dem für mich das Preis-Leistungs-Verhältnis stimmt.
Dom Pérignon kann ein wenig herb und verschlossen sein, deswegen wundere ich mich, wie ein so trockener, anspruchsvoller Champagner bei den ignorantesten und gleichgültigsten Reichen der Welt so populär sein kann. Amüsanterweise ist »DPR« (Dom Pérignon Rosé) beim Jet Set in Palm Beach der begehrteste Champagner, total en vogue oder »in«. Da sage ich nur: Wohl bekomm's! Scherz beiseite: Der 1961er Dom Pérignon ist mein Nachfolger für den 1928er Krug als Lieblingschampagner; jetzt lässt er ein wenig nach. Halten Sie Ihre Augen für die Jahrgänge 1971 und 1982 offen.

Moët & Chandon zeigt alle Schönheit und Sinnlichkeit der Jahrhundertwende.

Mumm: Eine weitere altehrwürdige Marke, bei Christie's erscheint sie 1855 zum ersten Mal in einem Katalog. Heute gehört das Haus zur allgegenwärtigen Seagram-Gruppe. Die Hauptmarke, der jahrgangslose Cordon Rouge, war offen gestanden nie einer meiner Lieblinge, doch das De-Luxe-Label René Lalou kann exzellent sein.

Perrier-Jouët: Eine Marke mit langer Geschichte, der einstige Liebling der Reichen im 19. Jahrhundert, heute im Besitz der Seagram-Gruppe. Der wirtschaftliche Erfolg schwankte bis zur genialen Einführung der »Belle-époque-Blumenflasche«. Seither sehr erfolgreich.

Doch ein feiner Champagner wird sicherlich einen attraktiven Duft haben, manchmal cremig, manchmal wie frisches Brot, manchmal an Walnüsse erinnernd; alles hängt von der Marke, der Qualität, dem Alter ab.

Pommery & Greno: Eine der größten und beliebtesten Champagnerfirmen des Fin-de-siècle; auch sie durchlebte Höhen und Tiefen. (Der Wettbewerb unter den Champagnermarken ist gnadenlos, und wie beim Sherry schlagen Preisnachlässe für einen Importeur auf die Qualität. Diese Bemerkung trifft auf mehrere Champagnerfirmen zu, von denen manche eine bewegte Geschichte hinter sich haben.)

Roederer: So lange ich mit Wein zu tun habe, seit über vierzig Jahren also, finde ich den jahrgangslosen Roederer den zuverlässigsten Champagner. Mit dem heutigen eleganten Etikett Brut Réserve ist er ein ausgeprägter und sehr stilvoller Wein. Roederer Jahrgangs-Champagner ist gut und der Cristal Brut in der hellen Glasflasche kommt im Ruhm an den Dom Pérignon heran, obwohl er meiner Meinung nach in der Qualität etwas stärker schwankt.

Ruinart: Nimmt für sich in Anspruch, die älteste Firma zu sein; heute Teil des Moët-Hennessy-Imperiums. Dom Ruinart ist besonders gut.

Taittinger: Ein verhältnismäßig junges Haus, aber Qualität der Spitzenklasse; der Comtes de Champagne Blanc de Blancs ist der Inbegriff von Eleganz.

Weitere gute Champagner-Firmen: Ayala, Besserat de Bellefon, Billecart-Salmon, Binet, de Castellane, Deutz, Alfred Drappier, Gosset, Georges Goulet, Alfred Gratien, Henriot (Joseph Henriot, der bis vor kurzem Clicquot besaß, ist jetzt der Besitzer von Bouchard Père in Burgund), Jacquart, Jacquesson, Abel Lepitre, Mercier (heute praktisch ein »Zweitwein« von Moët), Bruno Paillard, Joseph Perrier, Philipponat, Salon (sehr elegant), de Venoge.

CHAMPAGNER-JAHRGÄNGE

Alte klassische Jahrgänge, die noch gut sein können, vor allem wenn sie gut gelagert wurden oder aus dem Keller einer Champagnerfirma stammen und frisch verkorkt wurden: 1904, 1906, 1911 (Moët großartig), 1914 (Pol Roger bei Hugh Johnson 1995 sublim), 1915, 1919, 1920, 1921 (ein großer Jahrgang, Pol Roger superb), 1923 (allen voran Veuve Clicquot; doch ich habe festgestellt, dass Clicquot zwischen 1919 und 1929 qualitativ besonders gut war. Sie scheinen auch zu den besterhaltenen zu gehören), 1926, 1928 (Krug auf seinem Höhepunkt ist der Größte von allen, aber auch Pol Roger ist exzellent), 1929 (Bollinger denkwürdig), 1934 und insbesondere 1937 (Pommery und Clicquot sehr gut).

Seit dem Zweiten Weltkrieg: Entgegen aller Wahrscheinlichkeit war 1943 ein großer Jahrgang, dann, etwas leichter vorauszusagen, 1945, 1947, 1949, 1952, 1953, 1955, 1959, 1961, 1962, 1964, 1966 und 1970. Flaschen vieler dieser Jahrgänge können exzellent sein, allen voran Pol Roger, Pommery, Clicquot und Krug, dessen 1964er »klassisch« ist.

Jahrgänge nach 1970: 1971 hervorragend, aber nicht häufig anzutreffen, Dom Pérignon ein Inbegriff von Raffinesse; 1973 verblasst langsam; 1975 fest und gut; 1976 sehr attraktiv, hat den Höhpunkt aber hinter sich; 1979 und 1982 sehr gut, 1983 gut, 1985 hervorragend, 1986 bescheiden, 1988 gute, feste Weine, die sich allmählich sehr gut trinken lassen, 1989 große Ernte, hohe Qualität, 1990 die drittgrößte Ernte seit je, hervorragende Qualität, große Lebenserwartung; 1992 wird bald auf den Markt kommen, sehr gut; 1995 sehr gut; 1996 hervorragend, einer der besten dieses Jahrhunderts – halten Sie sich bereit, wenn er auf den Markt kommt.

1863

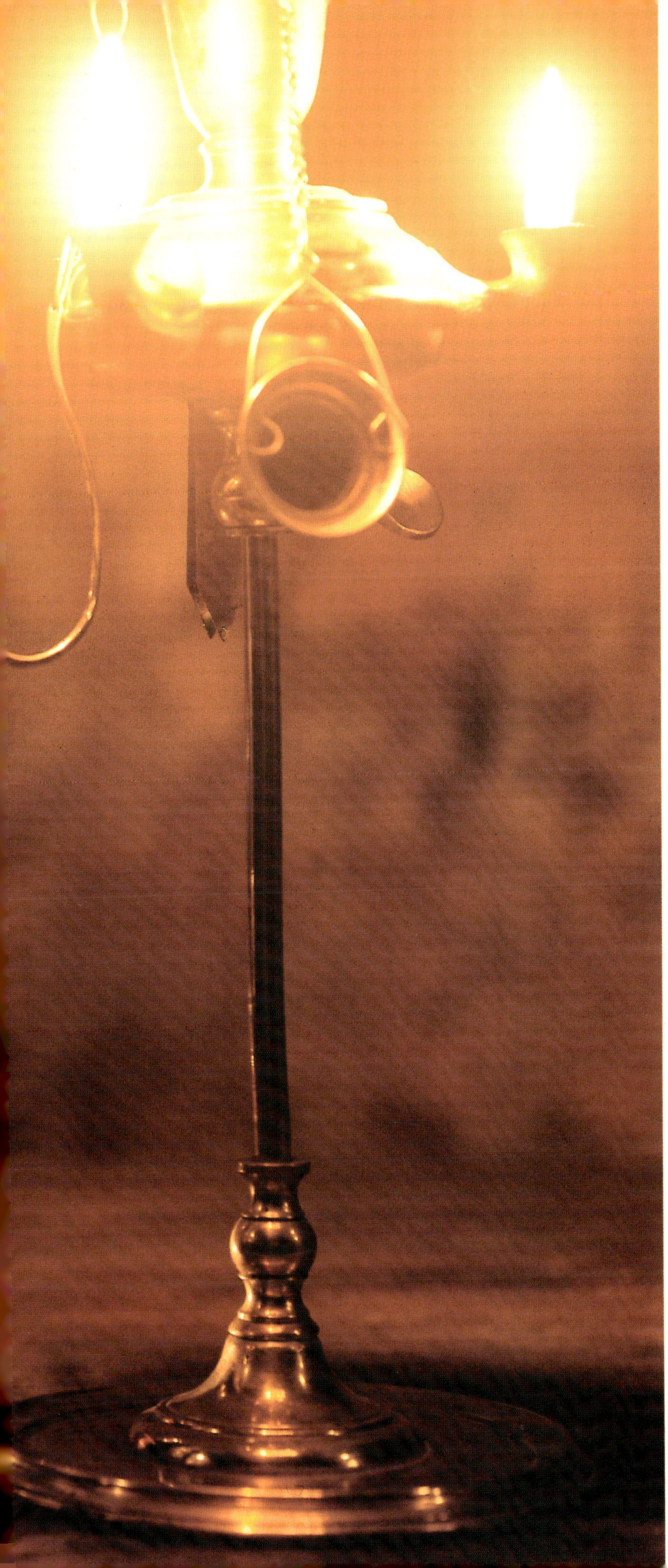

DIE SEELEN-TRÖSTER

PORT, SHERRY UND MADEIRA

PORTWEIN
SANFTE ELEGANZ

Zweierlei haben die Weine Port, Sherry und Madeira gemeinsam: Jeder von ihnen ist im Alkoholgehalt »verstärkt«, und jeder wurde von einfallsreichen britischen Kaufleuten Ende des 17., Anfang des 18. Jahrhunderts »erfunden«. Portwein und Sherry kommen von der iberischen Halbinsel, Madeira von der gleichnamigen, zu Portugal gehörigen Insel im Atlantik. Ich mag sie alle drei; sie haben mich zeit meines Lebens im Weinhandel begleitet, und ich trinke diese drei besonders originellen Weine regelmäßig.

Ich bin ein Romantiker. Die Vergangenheit ist für mich etwas ganz Reales, und manche moderne Entwicklung bedauere ich. Im Rückblick war mein erster Besuch in Porto tatsächlich romantisch, auch wenn er für die damalige Zeit vollkommen normal war. Man schrieb das Jahr 1953. Ich hatte gerade ein Lehrjahr bei Layton's Wine Merchants hinter mir, damals ein Ein-Mann-Unternehmen: eine kleine Weinhandlung, eine Weinbar (eine der ersten ihrer Art) und ein Weinrestaurant. Der Chef, mein Lehrmeister, war ein Exzentriker namens Tommy Layton, der mehrere Bücher über Wein schrieb, die heute niemand mehr liest. Doch er hatte eine erlesene Kundschaft, zur Hauptsache Ärzte, und in zwölf Monaten lernte ich viel über das Degustieren, über Wein und das Geschäft. Er schrieb mir auch nützliche Empfehlungen, die erste ging an den Manager der Portweinfirma Hunt-Roope, in deren Londoner Keller ich ein paar Wochen damit beschäftigt gewesen war, Portwein auf Flaschen zu ziehen. Ich reiste als Passagier auf einem Frachtschiff, der »Seamew« (Seemöwe), die regelmäßige Fahrten zwischen London und Porto unternahm und mit einer Ladung leerer Portwein-»Pipes«, wie die Fässer genannt werden, unterwegs war. Obwohl unsere »Seemöwe« nur ein kleines Schiff war, mussten wir den ganzen Nachmittag in der Themsemündung auf die Flut warten, bis der

Rechte Seite: Im »Factory House« in Porto liegt die weltweit wichtigste Sammlung von Jahrgangs-Portweinen.

PORT

Eine schier endlose, malerische Zugreise führt in die Rebberge des Portweins am Douro. Ist man endlich angekommen, wird man von der spekatkulären Landschaft schier überwältigt: diese Größe des Tales, der weite, majestätische Horizont!

Ein grandioses Panorama: das Dourotal mit seinen steilen Flanken bei Tua, wo der gleichnamige Zufluss in den Douro mündet und Cockburns Quinta do Tua liegt.

Wasserstand hoch genug war, damit wir die alten Londoner Docks passieren konnten. Zwei Tage dampften wir gen Südwesten, dann erreichten wir an einem heißen sonnigen Morgen die Douromündung und mussten ein zweites Mal die Flut abwarten, diesmal, damit sie unser Schiff über die gefährliche Sandbank hinweg hob, sodass es in der Flussmündung zwischen Porto und Vila Nova de Gaia Anker werfen konnte, dort, wo die großen Portweinfirmen ihre »Lodges«, ihre Kellereien und Lager haben. Das waren noch Zeiten! Nur wenige Jahre später wurde Portwein von dem moderneren Hafen Leixões etwas weiter

nördlich aus verschifft, wieder ein paar Jahre darauf schließlich per Überlandlastwagen spediert.

Erfreulicherweise haben sich die Menschen, die den Wein machen, die Kellereien in Vila Nova de Gaia und der Wein selbst nur wenig geändert. Porto und das Tal des oberen Douro sind eine der liebenswürdig-altmodischsten Weinregionen der Welt, und obwohl die Portugiesen heute einen großen Teil des Portweinhandels kontrollieren, sind die Briten immer noch allgegenwärtig und führen ein Leben voll ebenso ehrwürdiger wie drolliger Traditionen.

Portwein entsteht, indem man dem gärenden Most Weinbrand hinzufügt, so die Gärung stoppt und den gewünschten Gehalt an unvergorenem Traubenzucker beibehält.

DIE ENTSTEHUNG DES PORTWEINS

Die Rebberge für den Portwein liegen alle an den Flanken des Dourotals und seiner Zuflüsse östlich von Porto, zwei recht anstrengende Fahrstunden quer durch die Hügel entfernt, oder mit einer endlos scheinenden, dafür aber malerischen Zugreise zu erreichen, die man zumindest einmal unternehmen sollte. Ist man endlich angekommen, wird man von der spektakulären Landschaft schier überwältigt: diese Größe des Tales, die weiten, majestätischen Hügel!

Die Reben wachsen auf Terrassen an extrem steilen Hängen, und die Trauben, hauptsächlich rot, werden in der Nähe gekeltert, üblicherweise in den Weingütern, den *Quintas* der englischen oder portugiesischen Besitzer.

Portwein entsteht, indem man dem gärenden Most Weinbrand hinzufügt, so die Gärung stoppt und den gewünschten Gehalt an unvergorenem Traubenzucker beibehält. Dieses alte und erprobte Verfahren ergibt einen kräftigen Wein mit natürlicher Süße, der durchschnittlich 20 Volumenprozent Alkohol enthält.

Der Single Quinta Port der Quinta da Agua Alta von Antonio Borges de Souza wird von der jungen, 1981 gegründeten Firma Churchill Graham vertrieben.

Der junge Wein, der in früheren Zeiten in Fässern auf speziellen Lastkähnen, den *Barcos rabelos*, auf dem rasch dahinfließenden Douro mit seinen gefährlichen Stromschnellen verfrachtet wurde, wird heute in Tanklastwagen in die Kellereien der großen Firmen in Vila Nova de Gaia transportiert, wo er verschnitten wird und reift.

Abgesehen vom weißen Portwein, der nur wenig verstärkt wird und etwas an trockenen Sherry erinnert, gibt es zwei Grundtypen von Port, die man im Handel als »Wood Port« und »Vintage Port« (Jahrgangs-Port) bezeichnet. Der erstgenannte wird ganz in Holzfässern ausgebaut, der zweite wird nach alter Tradition zwei Jahre nach der Ernte auf Flaschen gezogen, wo er während Jahren weiterreift.

Junger holzgelagerter Portwein heißt nach seiner rubinroten

Farbe »Ruby Port«. Nach einer weiteren Reifezeit im Fass ändert sich die Farbe, der reifere Wein ist überraschend hell, bernsteinfarben und wird nach der englischen Bezeichnung für diese Farbe »Tawny Port« genannt. In den vergangenen Jahren haben die größeren Portweinfirmen, die englischen ebenso wie die portugiesischen, guten Tawny-Port mit Altersangabe, z. B. 10- oder 20-jährigen (den ich bevorzuge) und auch ältere, hellere, seltenere, auf den Markt gebracht.

KURZE GESCHICHTE DES PORTWEIN-HANDELS

Eingangs habe ich erwähnt, dass Portwein von den Briten für die Briten geschaffen worden ist. Tatsächlich reichen die Handelsbeziehungen zwischen Portugal und England bis ins Mittelalter zurück und wurden 1386 durch die Heirat von König João I. von Portugal mit Philippa, der Tochter von John of Gaunt, dem Herzog von Lancaster, bekräftigt und noch im selben Jahr durch den englisch-portugiesischen Vertrag von Windsor ergänzt. Es ist dies übrigens Englands ältestes internationales Abkommen, ein für »ewige« Zeiten gültiger Beistandspakt, der formal noch heute gilt. Es gibt Aufzeichnungen aus den Jahren 1465 und 1466 über den Transport portugiesischer Weine nach Bristol, doch die erste Fracht *Vinho do Porto* wird 1678 erwähnt.

Um diese Zeit trieben mehrere unternehmungslustige englische Kaufleute einen schwunghaften Handel: Sie fuhren Wolle aus Westengland nach Neufundland, luden Stockfisch (*bacalhau*, getrockneten, eingesalzten Kabeljau) um ihn in Nordportugal gegen Wein zu tauschen, den sie dann nach Bristol führten – und so weiter; ein einträglicher Dreieckshandel. Mit der Zeit ließen sich ein paar Engländer in Portugal nieder, um sich auf Wein und dessen Verkauf, dann auch die Produktion, zu konzentrieren. Zu einem späteren Zeitpunkt begannen sie dem Wein Branntwein zuzufügen, um ihn für die Seereise nach England haltbarer zu machen, und dieser starke, süße Wein war bald sehr beliebt, nicht zuletzt, um aus zugigen, ungeheizten und unheizbaren

Majestätisch präsentiert sich Porto von den »Lodges«, den Lagerhäusern am Quai in Vila Nova de Gaia aus. Früher wurde der junge Portwein in Fässern auf Lastkähnen, den »Barcos rabelos«, auf dem reißenden Douro mit seinen gefährlichen Stromschnellen transportiert.

QUINTA DOS CANAIS

Im 17. Jahrhundert trieben englische Kaufleute einen lukrativen Handel: Sie fuhren Wolle aus Westengland nach Neufundland, luden Stockfisch, um ihn in Porto gegen Wein zu tauschen, den sie dann nach Bristol führten …

Landhäusern die Kälte zu vertreiben! Noch heute ist Portwein ein wunderbar wärmendes und stärkendes Getränk.
Die großen britischen Portweinhäuser Croft, Taylor und Warre wurden Ende des 17. Jahrhunderts gegründet, Offley, Dow und Sandeman im 18. Jahrhundert. Von den portugiesischen Firmen reicht Ferreira in dieselbe Zeit zurück; dieses wichtige Familienunternehmen wurde von dem 1726 geborenen José Ferreira gegründet. Als Cockburn und Graham entstanden (Cockburn wurde von einem schottischen Offizier gegründet, der unter dem Herzog von Wellington auf der iberischen Halbinsel gegen Napoleon gekämpft hatte), war Ferreira bereits zum größten Weinbergbesitzer im Dourotal geworden. Damals verkauften britische Händler ihren Port unter ihrem eigenen Namen, ohne Erwähnung der Art oder der Herkunft, nur mit einer allgemeinen Bezeichnung des Alters und der Qualität. Als Christie's im März 1768 zum ersten Mal Portwein versteigerte, wurde er schlicht als »Port« bezeichnet, die erste Portweinfirma, die in einem Auktionskatalog erwähnt wird, ist Croft im Jahr 1810.

JAHRGANGS-PORT

Um dieselbe Zeit herum entstanden die ersten Vintage Ports, mit Jahreszahl versehene Jahrgangs-Portweine. Mr. Sandeman, damals Leiter eines großen Weinhauses in Porto und ein häufiger Gast an der Tafel des Herzogs von Wellington, »ließ sich ausführlich über gute und bekannte Jahrgänge aus«, wie festgehalten wurde, und bezeichnete den 1792er als den besten, dem er je begegnet sei.
Während der Feldzüge auf der iberischen Halbinsel im Krieg gegen Napoleon entdeckten die englischen Offiziere ihre Liebe für den Port, der sie, wie auch wir heutigen Engländer, nie mehr abgeschworen haben!
Welches sind die besonderen Vorzüge und Eigenschaften eines traditionellen Jahrgangs-Ports? Zunächst einmal muss der Wein von höchster Qualität sein und aus den besten Fässern eines bestimmten Jahrgangs einer Firma stammen; nur die besten Jahre

kommen infrage. Obwohl also jedes Jahr Trauben gelesen und zu Wein vergoren werden, wird der größte Teil davon gelagert, verschnitten und für die Produktion des kommerzielleren »Wood Port« verwendet, ein wenig wird für die feineren alten »Tawny«-Ports zurückbehalten. Jahrgangs-Port ist die Spitzenklasse, die *Crème de la crème*, und wird von den einzelnen Häusern nur dann herausgebracht, der Fachausdruck dafür ist »deklariert«, wenn die Qualität des Jahres – und die Nachfrage nach einem solchen Port – es erlauben.

Alte Jahrgangs-Portweine sind heute äußerst rar. In Portugal selbst gibt es so gut wie keine, weil es üblich war, den zweijährigen Jahrgangs-Port in »Pipes«, den charakteristischen länglichen Holzfässern mit rund 530 Litern Fassungsvermögen, nach England zu exportieren, wo er von traditionellen britischen Weinhändlern oder deren Kunden auf Flaschen gezogen wurde. Deshalb stammte – und stammt noch heute – praktisch aller alte Portwein aus britischen Kellern, die große Ausnahme bildet die Firma Ferreira in Vila Nova de Gaia, die als einziges der großen Portweinhäuser in ihrer Kellerei eine Sammlung alter Jahrgänge hat, die bis ins frühe 19. Jahrhundert zurückreicht. Der älteste datierte Portwein, den ich je getrunken habe, war von Ferreira und stammte aus dem Jahr der Schlacht von Waterloo, 1815. Der Wein reifte rund fünfzig Jahre im Fass, wurde dann auf Flaschen gezogen und alle vierzig Jahre neu verkorkt. Er war von blasser, aber gesunder Bernsteinfarbe, das Bukett etwas spritig, aber mit Spuren von Frucht. Am Gaumen halbsüß, mit einem wundervollen alten und würzigen, weichen und langen Geschmack und einem trockenen, säurebetonten, Madeira-ähnlichen Abgang. Dies war kein traditioneller Jahrgangs-Port wie eingangs beschrieben, zudem könnte seine helle Farbe auf weiße Trauben zurückzuführen sein, die bis zum und noch im großen Jahrgang 1847 recht häufig verwendet wurden.

Im Keller der Quinta Romaneira, der größten der acht selbstständigen Quintas im oberen Dourotal. Die Weine von Romaneira waren die ersten Quinta-Ports, die je bei Christie's bei London versteigert wurden: im Jahr 1872.

*Alte Jahrgangs-Portweine sind heute äußerst rar.
In Portugal selbst gibt es so gut wie keine, weil es üblich war,
den zweijährigen Jahrgangs-Port in »Pipes« nach England
zu exportieren, wo er auf Flaschen gezogen wurde.*

Ohne Frage der großartigste alte Jahrgangs-Port, den ich je verkostet habe, war ein 1851er. Ich entdeckte ihn im uralten Keller eines alten Hauses in Schottland. Der Bruder von William Gladstone, dem berühmten britischen Premierminister, ein Vorfahre des Gentleman, der das Haus 1972 erbte, hatte ihn gekauft, die Flaschen waren für die Reifung horizontal gelagert worden. Seit 1927 war der Keller nicht mehr geöffnet worden, und es stellte sich heraus, dass er bis zum Rand voll war mit fabelhaften alten Weinen, Mengen von Lafite 1865 und anderen edlen Bordeaux, flaschenweise Madeira aus dem 18. Jahrhundert und Jahrgangs-Port von 1834 – die meine Frau und ich einpackten und für den Transport nach London zur Auktion bei Christie's bereitstellen ließen. Unter den ein, zwei alten Flaschen, die ich zur Probe öffnete, war dieser 1851er Portwein. Er war noch immer von tiefer Farbe wie ein junger Wein; makellos fruchtig; sein Bukett und Geschmack süß und gesund, reich und eindringlich. Kurz, einfach prachtvoll.

Zwei Jahre ruht Jahrgangs-Port in großen Holzfässern, bevor er auf Flaschen gezogen wird und weiterreift.

Im Laufe der vergangenen dreißig Jahre hatte ich das Privileg, unzählige alte Port-Jahrgänge zu verkosten und zu trinken. Verallgemeinernd kann man sagen, dass die Weine des ausgehenden 19. Jahrhunderts verblassen und ein Risiko sind, doch das Quartett der großen Jahrgänge 1900, 1904, 1908 und 1912 kann noch bemerkenswert gut sein, wenn sie fachgerecht gelagert wurden, am besten ruhig in einem alten, kalten, dunklen und feuchten Keller liegen konnten. Ein Cockburn 1908, den ich letztes Jahr bei mir zu Hause zum Abschluss einer Dinnerparty öffnete, war noch hervorragend.

Es gab eine ganze Zahl von guten Jahrgängen in den Zwanzigern, allen voran natürlich 1927, das rundum für seine Qualität bekannt ist – nicht nur, weil es mein Geburtsjahr ist!

Der berühmteste, aber zugleich rarste Jahrgang ist 1931 – er wur-

de wegen der großen Menge von 1927er, der in der Wirtschaftskrise der frühen dreißiger Jahre in England nicht verkauft werden konnte, nicht deklariert. Quinta do Noval 1931, den ich den Mount Everest unter den Portweinen nenne, ist wirklich herausragend, einer der großartigsten Portweine, und noch immer makellos: *»Sehr tief, undurchsichtig in der Mitte; mächtiges, süßes, alkoholisches Bukett, das mich an karamelisierte Rosinen erinnerte und dann mit der Öffnung im Glas an Backpflaumen und Gewürznelken. Immer noch süß, aber nicht übersüß, körperreich, eindringlicher backpflaumenartiger Geschmack, pfeffrig, vollmundig, immer noch mollig, mit großartiger Säure.« (September 1993, aus: Broadbents Weinnotizen).* 1934 war auch gut, 1935 exzellent, Taylor ist noch immer auf dem Höhepunkt.

Die Nachkriegszeit begann, wie anderswo in Europa, 1945 mit einer guten, aber kleinen Ernte. Es folgte 1947, aber 1948, das nur von wenigen Häusern deklariert wurde, hat sich als besser

»Azulejos«, kunstvolle Wandbilder aus handbemalten Kacheln mit Szenen aus der Geschichte oder dem Landleben, schmücken die Hausmauern in ganz Portugal, wie hier die Fassade des Bahnhofs von Pinhão am Douro.

Die Enstehung neuer Märkte, vor allem in Amerika, hat zu einer Renaissance vor allem des Jahrgangs-Ports geführt, die durch die hervorragenden Jahre 1991, 1992 und 1994 noch gefördert wurde.

herausgestellt, Taylor ist außergewöhnlich und jetzt perfekt. Mein Lieblingsjahrgang ist heute 1955. Die meisten Weine sind ein Genuss, insbesondere Graham und Warre, Taylor – als der »Latour« unter den Portweinen bekannt – entwickelt sich am langsamsten. 1958 war ein mittelmäßiger Jahrgang, man sieht ihn nicht oft, 1960 war gut, 1963 wurde von vielen deklariert, genießt einen guten Ruf und ist teuer, 1966, das zuerst bloß als recht gut eingeschätzt wurde, ist heute besser als 1963 und wird auf Auktionen unterbewertet, eine günstige Zeit also, um zu kaufen. 1970 ist sehr gut, 1975 recht gut und jetzt voll ausgereift, 1977 klassisch, entwickelt sich gut. Dann folgt ein Trio, das ungewöhnlich dicht beieinander liegt: 1980, 1982 und 1983, gefolgt vom attraktiven und gut balancierten 1985er, der schon angenehm zu trinken ist, aber auch noch eine gute Zukunft hat.

Die Entstehung neuer Märkte, vor allem in Amerika, hat zu einer Renaissance des Portweins, besonders des Vintage Ports, geführt, die durch die hervorragenden Jahre 1991, 1992 und 1994 noch gefördert wurde. Natürlich ist der letztgenannte Jahrgang noch nicht trinkreif, doch er hat eine große Zukunft vor sich.

Es gab einschneidende Veränderungen im Portweinhandel, die dramatischste mit den weitestreichenden Folgen war der einseitige Beschluss der portugiesischen Behörden, mit Ausnahme der niedrigsten Qualitätsstufen allen Portwein in Porto auf Flaschen zu ziehen. 1970 war der letzte Jahrgang, der noch zur Flaschenabfüllung durch ausländische, in der Mehrheit englische Händler exportiert wurde.

Das Wort »ausländisch« erinnert mich daran, den Eindruck zu korrigieren, England sei der einzige Importeur von Portwein. Tatsächlich waren Skandinavien und die Benelux-Staaten ein bedeutender Markt, und Frankreich war lange Zeit der größte Importeur von Portwein, allerdings der billigsten Qualität, der in erster Linie als Aperitif getrunken wurde, wie ein Dubonnet. Heute liegt Amerika vor Großbritannien an der Spitze als Importland von Jahrgangs-Port.

»LBV«, SINGLE QUINTA UND TAWNY PORT

In den letzten Jahren ist eine Reihe neuer Typen von Portwein entstanden; der erste wurde unter dem Namen »Late-bottled vintage« oder einfach unter dem Kürzel »LBV« bekannt. Darunter versteht man Portweine eines bestimmten, aber nicht eines deklarierten Jahres. LBVs werden nach vier bis sechs Jahren Fassreifung auf Flaschen gezogen, die längere Lagerung in Holz beschleunigt den Reifeprozess. Sie sind ein kommerzieller Kompromiss und offen gesagt keine Spitzenqualität, obwohl sie in Restaurants oft unter der Bezeichnung »Vintage« laufen und als Jahrgangs-Port verkauft werden.

So genannte »Colheitas« sind verwirrenderweise ebenfalls Portweine eines bestimmten Jahrgangs, die in Holz ausgebaut wurden, üblicherweise noch länger. Ich nenne sie »Vintage Tawnies«, denn dies ist ihre Farbe und ihr Stil.

»Single Quinta«-Port, Weine, die von einem einzelnen Weingut, einer Quinta, stammen, kommen immer mehr auf den Markt. Außer der bereits erwähnten Quinta do Noval sind die bekanntesten de Vargellas (Taylor) und dos Malvedos (Graham), es folgen Roeda (Croft) und do Bomfim (Dow). Weitere gute Quintas sind de Cavadinha (Warre), da Corte (Delaforce), do Crasto und da Eira Velha (beide Hunt, Constantino), da Foz (Cálem), de Cruzeiro (Guimaraens), de la Rosa, do Seixo (Ferreira), do Sibio (Real Companhia), da Boa Vista (Offley) und do Tua, auch Quinta dos Ingleses genannt (Cockburn).

DIE BESTEN TAWNY PORTS

Alle großen Portweinhäuser, ob Engländer oder Portugiesen, bringen unter individuellen Markennamen eine Reihe von »Wood ports« mit unterschiedlichem Alter auf den Markt, weiße, ruby und tawny, meist zehn- und zwanzigjährige, manche auch dreißig- und sogar vierzigjährige.

Die besten zehn- und zwanzigjährigen produzieren Cálem, Cockburn, Croft, Delaforce, Fonseca, Graham und Taylor, meine Lieblinge sind Ferreiras »Duque de Bragança« (20 Jahre), Grahams zehn- und zwanzigjähriger, der leichtere zehnjährige von

Meine Frau und ich nehmen samstags und sonntags nach dem Lunch jeweils ein Gläschen zu uns – dann machen wir eine kleine, erholsame Siesta. Denn Portwein ist nicht bloß eine Tradition, sondern ein Genuss und ein Vergnügen.

Noval, »His Eminence's Choice« von Delaforce und die ganze Palette von Taylor.

Reifen Jahrgangs-Port schenke ich nur zu besonderen Anlässen aus; für gewöhnlich trinke ich einen guten zehn- oder zwanzigjährigen Tawny. Man kann sich im allgemeinen auf sie verlassen, sie schwanken in Stil und Qualität nur geringfügig. Darüber hinaus haben sie mehrere Vorzüge: Sie kommen bereits trinkreif in den Handel, und wenn die Flasche einmal geöffnet ist, bleibt der Wein während zwei oder drei Wochen frisch und köstlich wie am ersten Tag.

Meine Frau und ich nehmen samstags und sonntags nach dem Lunch in unserem Wochenendhaus auf dem Land jeweils ein Gläschen zu uns – dann machen wir eine kleine, erholsame Siesta. Denn Portwein ist nicht bloß eine Tradition, sondern ein Genuss und ein Vergnügen.

PORTWEIN-FIRMEN UND -MARKEN

Die absoluten Spitzenproduzenten von Jahrgangs-Port: **Taylor**, **Graham**, **Fonseca** und **Warre**.

Die »Super-deuxième-crus«, die Top-Zweitklassierten in meiner subjektiven Rangliste: **Croft**, **Dow**, **Noval**.

Die »Deuxième crus«: **Cálem**, **Cockburn**, **Delaforce**, **Ferreira**, **Gould Campbell**, **Martinez**, **Offley Forrester**, **Sandeman**, **Smith Woodhouse**.

Die »Troisième crus«: **Burmster**, **Churchill** (aufstrebend), **Porta Poças Junior**, **Quarles Harris**, **Ramos-Pinto**, **Robertson** (zu Sandeman) mit seinem Jahrgangs-Port Rebello Valente und **Tuke Holdsworth**.

Weitere Porthäuser sind **Barros-Almeida**, **Butler Nephew**, **Dalva**, **Feist**, **Hutchinson**, **Kopke**, **Krohn**, **Royal Oporto**, **Rozès**.

Einen ganz besonderen Rang messe ich **Niepoort** bei, einem kleinen, alteingesessenen Familienbetrieb. Rolf van der Niepoorts Sohn Dirk ist ein brillanter Weinmacher und wird von vielen heute zur Spitze gezählt.

Die großartigsten Portweine, die ich je verkostet habe: **Ferreira** 1815 und 1847, **Stibbart's** 1851 aus dem Keller der Familie Gladstone; **Taylor's** 1896, 1912, 1927, 1948 und 1955; **Cockburn's** 1908, 1912, 1927 und 1947; **Graham's** 1908, 1924, 1935, 1945, 1955; **Fonseca** 1927, 1934, 1955; **Quinta do Noval** 1931, 1945.

Die besten Portwein-Jahrgänge seit 1955: 1960 gut, trinkreif; 1963 klassisch, jetzt ausgereift; 1966 anfänglich unterschätzt, hervorragend und noch in der Entwicklung; 1970 erstklassig, gute Zukunft; 1977 vielleicht überschätzt, aber gut trinkbar; 1980, 1982 und 1983 gut, aber nicht groß; 1985 gut balanciert, trinkfertig, aber zu einer Entwicklung von weiteren 10–15 Jahren fähig.

Jüngere Portwein-Jahrgänge: 1991 gut, von vielen Firmen deklariert (nicht aber von **Fonseca** und **Taylor**; Taylor gab »nur« eine Single Quinta von Vargellas heraus); 1992 von Taylor im Jahr ihres dreihundertjährigen Bestehens deklariert, von Fonseca ebenfalls. 1994 hervorragend, von vielen deklariert, braucht Kellerlagerung; 1995 gut, aber nicht allgemein deklariert. Es wird einige gute Single-Quinta-Weine geben, und natürlich auch Late-bottled vintages.

Meine Lieblings-Weine

SHERRY
STOLZ UND FINESSE

Der zweite der klassischen verstärkten Weine kommt aus Andalusien, der südwestlichsten Ecke Spaniens. Wie Portwein und Madeira wurde auch Sherry ursprünglich von tatkräftigen britischen Kaufleuten des 17. und 18. Jahrhunderts für den eigenen Markt geschaffen; sie fügten ihm Brandy hinzu, um ihn für die lange Reise von Cadiz nach London oder in englische Häfen haltbarer zu machen. Aber hier hören die Ähnlichkeiten auf.

Zunächst zum Wein: Ich kann ohne Zögern sagen, dass Sherry einer der am meisten unterbewerteten, ja vielleicht *der* unterschätzteste Qualitätswein der Welt ist. Der Markt dieses einst ungemein beliebten Weins ist im Wettbewerb mit populäreren und modischeren Weißweinen geschrumpft; doch ein frischer junger trockener Sherry Fino ist noch immer der perfekte Aperitif, eignet sich besser als Champagner und ist viel kultivierter als Wermut. Was Gin tonic und Scotch betrifft (obwohl es Zeiten und Gelegenheiten für beide gibt) – das sind eben *Drinks*. Noch weniger bekannt und geschätzt als die Finos sind die großartigen reifen, trockenen oder süßen Olorosos.

Sherry ist vielseitig: Die trockenen sind nicht bloß die Aperitifs *par excellence*, sie können auch eine ganze Mahlzeit begleiten. Tatsächlich trinken meine Frau und ich am Freitag Abend jeweils eisgekühlten Tio Pepe zu der klassischen englischen Kombination »Fish and chips«. Der Alkoholgehalt der heutigen Finos ist verhältnismäßig tief, um 15,5 %, also nicht so viel höher als der eines Menü-Weins (ein weißer Burgunder aus einem guten Jahr kann auch seine 14,2 % erreichen). Das Schönste, für die Konsumenten, nicht für die Produzenten: Auch guter Sherry hat schmerzlich tiefe Preise und ist daher immer ein guter Kauf.

Rechte Seite: Das obere Fass enthält jüngeren Wein als die zwei darunter liegenden: Im Solera-System wird der Wein jeweils aus dem untersten Fass auf Flaschen gezogen, das oberste wird mit jungem Wein nachgefüllt.

SOLERA
LOS PALCOS
1
2105

Die Landschaft um Jerez besteht aus weiten, sanft gewellten Hügeln wie Sanddünen, deren baumlose Flanken an die Champagne östlich von Reims erinnern. Die Reben erstrecken sich in endlosen Reihen bis an den Horizont.

DAS LAND DES SHERRYS

Faszinierend fließende Landschaftsbilder: Die weißen Kreideböden (»Albarizas«) reflektieren das gleißende Sonnenlicht.

Ich besuchte Jerez de la Frontera im Oktober 1953 zum ersten Mal. Ich war mit dem Überlandbus von Porto nach Lissabon gereist und weiter südlich Richtung Algarve – wunderbar einsame Strände; grademal *ein* kleines Hotel in Praia de Rocha! – dann weiter mit dem Zug nach Sevilla und von dort nach Jerez. Es war wie eine andere Welt. Mit einer Handvoll Empfehlungen ausgerüstet suchte ich die Bodegas (das Pendant der Portwein-Lodges, die aber komplett anders aussehen) einiger bekannterer Sherryfirmen auf, darunter Williams & Humbert, Misa und González Byass. Hier überwog der spanische Einfluss bei weitem, obwohl Großbritannien der größte Absatzmarkt war. Eine Eigentümlichkeit bestand darin, dass es manchmal schwer fiel zu sagen, wer nun Engländer war und wer Spanier. Eine Persön-

lichkeit im Sherrygeschäft war Guy Williams von Williams & Humbert. Trotz seines Spitznamens Don Guido hätte er englischer nicht sein können. Doch seine Tochter, die aussah wie eine echte Spanierin, war mit Beltran Domecq verheiratet, der seinerseits in seinem Tweed-Anzug englischer aussah als jeder Engländer. Ich lernte einen Gentleman mit schottischem Namen und britischem Pass kennen, der nur Spanisch sprach; und in derselben Firma arbeitete ein Direktor mit spanischem Familiennamen, der jederzeit als Engländer durchgegangen wäre. Im Gegensatz zu den Briten in Porto, die kaum je Portugiesinnen heirateten, gab es in der großen Sherry-Gemeinde so viele gemischte Ehen, dass man Acht geben musste, sich niemandem gegenüber abfällig über die Weine einer anderen Firma zu äußern!

Dazu diese Hitze und die ungewöhnlichen Essenszeiten. Ich erinnere mich, wie ich im Hotel Los Cisnes, das es leider nicht mehr gibt, zu abend essen wollte: Man beschied mich, vor zehn Uhr abends gebe es nichts.

Doch wie in Portugal waren die »Eingeborenen« freundlich, und ich verkostete und lernte ungemein viel.

Die Sherry-Landschaft um Jerez de la Frontera könnte sich vom Dourotal nicht stärker unterscheiden: Sie besteht aus weiten sanft gewellten Hügeln wie Sanddünen, deren baumlose Flanken an die Champagne östlich von Reims erinnern. Damit hören die Ähnlichkeiten noch nicht auf, denn der beste Boden, vor allem für die trockenen Finos, ist weißer, kalkhaltiger Kreideboden, und die Reben erstrecken sich in endlosen Reihen bis an den Horizont.

Drei Orte bilden hier ein Dreieck: Jerez de la Frontera, Puerto Santa Maria und Sanlúcar de Barrameda. In einer dieser drei Städte liegen die »Bodegas«, die Kellereien aller großen Sherryfirmen. Sanlúcar, die Heimat des extrem trockenen Manzanilla, genießt eine Sonderstellung, denn die Stadt liegt an der Atlantikmündung des Guadalquivir und man sagt, der Manzanilla habe seinen salzige Note von dieser Meeresluft.

In diesen Kreideböden, den »Albarizas«, müssen die Reben um ihr Leben kämpfen.

Vom 8. bis ins 15. Jahrhundert stand Südspanien unter maurischer Herrschaft: in Cordoba regierte ein Kalif, Granada war ein Emirat. Der Einfluss des maurischen Stils tritt bei manchen Bauten klar zu Tage.

TRAUBEN UND PRODUZENTEN

Die dominante Sorte ist die Palomino, die auf den kalkhaltigen Kreidenböden, den *Albarizas,* wächst und dort ihre beste Qualität liefert. Die wichtigsten Gebiete sind Carrascal und Macharnudo.

In kleinen Mengen wird Moscatel angebaut, in noch kleineren die wichtige Pedro Ximénez, deren Trauben auf Matten aus *Esparto*, Spartogras, zum Trocknen ausgelegt werden, um den schon von Natur aus hohen Zuckergehalt noch zu konzentrieren. P. X., der Wein, der so entsteht, ist dunkel und dickflüssig und wird zum Süßen der feinsten Olorosos verwendet.

Am Anfang ist alles noch einfach: Die Trauben werden vergoren, damit sie einen trockenen Weißwein ergeben. Doch schon der nächste Schritt verläuft anders. Nach der Gärung wird eine kleine Dosis Weinbrand hinzugefügt. Die darauf folgende Stufe ist

Die »Sherry-Kathedrale« von Domecq in Jerez de la Frontera ist ein prächtiges Beispiel für den maurischen Einfluss.

besonders spannend, denn im Fass scheint der Wein von alleine zu entscheiden, was aus ihm werden soll, welchen Stil und welche Qualität er annehmen wird. In einigen der nur etwa zur Hälfte gefüllten Fässern bildet sich spontan eine *Flor* genannte, rahmartige Haut aus Hefe auf der Oberfläche des Weins. Diese Schicht schadet dem Wein nicht etwa, ganz im Gegenteil, sie wirkt als »Hebamme« bei der Geburt eines Finos und schützt den Wein selbst vor jeglichem Kontakt mit Sauerstoff. Einst war die Bildung von Flor ganz dem Zufall überlassen, heute kann sie herbeigeführt werden.

Der Wein in jenen Fässern ohne Flor wird zu Oloroso, dem anderen Grundtyp des Sherrys, die zu einem späteren Zeitpunkt mit einer weiteren Dosis Weinbrand verstärkt werden.

Die Pedro-Ximénez-Trauben werden zum Trocknen ausgelegt.

Der junge Wein wird je nach seiner Qualität und Art in die entsprechende »Criadera« gebracht und reift im Solera-System, aus dem der jeweils reife Wein auf Flaschen gezogen wird.

DAS »SOLERA-SYSTEM«

Dieses Vorgehen gibt es nur in der Sherry-Produktion. Es in groben Zügen zu skizzieren ist recht einfach, aber die Einzelheiten richtig zu beschreiben fällt schwer, denn ich finde, was in den Bodegas, diesen beeindruckenden, hohen Kellerkathedralen zu ebener Erde, geschieht, unterscheidet sich von den Beschreibungen in Büchern.

Der junge Wein wird je nach seiner Qualität und Art in die entsprechende *Criadera*, deutsch etwa »Kinderstube, Pflanzschule«, gebracht und reift im Solera-System, aus dem der jeweils reife Wein auf Flaschen gezogen wird.

Mein Freund Hugh Johnson fasst den Vorgang in seiner bündigen Art zusammen: »*Solera* ist das System, mit dem eine Bodega vollkommene Kontinuität ihrer Produkte erzielt, nämlich eine Reihe von Weinen mit ganz eigenem Charakter. Es handelt sich um ein *Teilverschnitt-System*, bei dem Wein aus einem Fass in einer Reihe von Fässern entnommen wird, das den ältesten, am längsten gelagerten enthält. Es wird sofort aus dem Fass mit dem nächstältesten Wein wieder aufgefüllt, und so geht es weiter bis zum Fass mit dem jüngsten Wein in der Reihe der *Criadera*. Dieses wiederum wird mit jungem Sherry aufgefüllt, der den in der Reihe lagernden älteren Weinen möglichst ähnlich sein soll. Dieses Abziehen und Wiederauffüllen eines Teils (meist eines Drittels) aus einem Fass bewirkt, dass der neu zugefüllte Wein sehr rasch den Charakter dessen annimmt, dem er zugegeben wurde.« (*Der Große Johnson,* Hallwag 1997). In der Praxis braucht es beträchtliche Vorräte, um eine Kontinuität von Stil und Qualität sicherzustellen.

Solera-System: Junger Wein fließt in ein Fass, aus dem älterer Wein entnommen worden ist.

Fino ist von blassgelber Farbe, in der Nase ist er leicht salzig, eigenartig spitz, was von der Florhefe herrührt. Je frischer und deutlicher das Flor-Bukett, desto feiner der Wein. Die meisten sind knochentrocken, leicht und erfrischend. Einige, vor allem die billigeren Verschnitte, sind »medium dry«, halbtrocken.

Olorosos sind für gewöhnlich von heller Bernsteinfarbe, die sich

mit dem Alter vertiefen kann. Sie haben ein vollständig andere Nase, wärmer, reicher, der Flor-Charakter fehlt. Die ganz trockenen Olorosos sind ein wenig gewöhnungsbedürftig, doch die besten sind für ihren intensiven Geschmack und ihre große Länge bekannt. Die meisten populären kommerziellen Marken sind süß, die süßesten sind die so genannten »Cream«-Sherrys.

Zwischen den zwei Grundtypen gibt es Zwischentöne: Bester Amontillado ist ein alter trockener Fino, tiefer in der Farbe und ohne den reinen Flor-Duft. Die meisten Amontillados sind halbtrocken, die billigsten, die man tunlichst meiden sollte, recht ordinäre, gesüßte Verschnitte. Dann der Palo Cortado und Tres Cortados: zwei echtere und sehr eigenständige Zwischenstile, mit der Trockenheit und Schärfe eines Fino und dem Reichtum eines guten Oloroso. Man findet sie seltener, sie sind meistens von guter Qualität. Und schließlich, nicht häufig anzutreffen, aber mein Liebling – Amoroso: weich, halbsüß, von hoher Qualität.

Innenansicht eines Fasses mit Florhefe-Schicht.

SHERRY-HÄNDLER, -MARKEN UND DER MARKT

Die Entstehungsgeschichte des Sherry wurde kurz angesprochen; seinen englischen Namen »Sack« erhielt er vom spanischen Wort *Saca* für Exportware. Es ist bekannt, dass dieser »Sack« Shakespeares Lieblingswein war und in seinen Stücken am häufigsten erwähnt wird. In Schlegels Übersetzung wird aus Gründen der Metrik aus »Sack« »Sekt«, aber mit Sicherheit meint Falstaff in seinem unvergesslichen Lobgesang keinen Schaumwein: *»Ein guter spanischer Sekt hat eine zwiefache Wirkung an sich. Er steigt euch in das Gehirn, zerteilt da alle albernen, dummen und rohen Dünste, die es umgeben, macht es sinnig, schnell und erfinderisch. Die zweite Eigenschaft ist die Erwärmung des Bluts, der Sekt erwärmt es und bringt es von den innern bis zu den äußersten Teilen in Umlauf.«*

Sherry ist unzweifelhaft ein Wein mit langer Geschichte. Wie Port und Madeira war er schon im 18. Jahrhundert beliebt, wenn vielleicht auch etwas weniger, erreichte aber im viktorianischen Zeitalter seinen Höhepunkt. Tatsächlich entnehme ich den Kellerbüchern von Windsor Castle, dass Königin Victoria an der Mittagstafel täglich ein Glas goldenen Sherry von Domecq zu sich zu nehmen pflegte. Doch ihr ältester Sohn, der Prinz von Wales, bevorzugte Champagner, und kurz nach ihrem Tod, nachdem er als König Edward VII. gekrönt worden war, ließ er den Sherry aus den fünf königlichen Kellern von Windsor Castle, Marlborough House, Sandringham, St. James's und Buckingham Palace räumen: Insgesamt fünftausend Dutzend Flaschen »Fine old bottled sherries«, die bei Christie's innerhalb von vier Tagen, vom 24. bis 27. Juni 1901, versteigert wurden. Leider ein wenig vor meiner Zeit! Obwohl die Auktion äußerst erfolgreich war, konnte sie bedauerlicherweise dem Sherry-Markt nicht auf die Beine helfen. Als Aperitif wurde Sherry in den zwanziger Jahren von Cocktails abgelöst, in den dreißigern von der Rezession schwer getroffen. Zum Glück erholte sich der

Ein Farbspiel in allen Schattierungen: vom blassesten Fino bis zum tiefdunklen Oloroso.

Linke Seite: Mit der »Venencia« wird die Florschicht durchstoßen, Wein entnommen und zur Verkostung schwungvoll eingeschenkt.

Sherry ist vielleicht der *unterschätzteste Qualitätswein der Welt. Sein Markt ist geschrumpft; doch ein frischer, junger, trockener Fino ist noch immer der perfekte Aperitif. Alle, die wie ich Sherry lieben, hoffen auf bessere Zeiten.*

Handel nach 1945 und erreichte einen neuen Höhepunkt in den fünfziger und sechziger Jahren, just zu jener Zeit, als ich für Harvey's of Bristol arbeitete – ich trat 1955 in die Firma ein und kündigte 1966 als Verkaufsdirektor, um die Weinauktionen bei Christie's wieder aufzunehmen, die aufgegeben worden waren. Die siebziger Jahre waren eine schwere Zeit für den Sherryhandel, hauptsächlich wegen erzwungenen Fusionen und erbarmungslosen Konkurrenzkampf, der zu einem Qualitätszerfall führte. Rücksichtslos wurden Rebberge gerodet und die Produktion reduziert. Alle, die wie ich Sherry lieben, hoffen auf bessere Zeiten.

Was die Namen von Händlern und Marken betrifft, so ist es schwierig geworden, auf dem Laufenden zu bleiben, wer nun wen besitzt. Darüber hinaus produzieren die meisten Firmen eine breite Palette von Stilen und Qualitäten.

Dieses wunderschöne Stadtpalais im Zentrum von Jerez de la Frontera dient Pedro Domecq für Empfänge.

»Tio Pepe« von **Gonzalez Byass**, ein vollkommener, trockener Fino von konstanter Spitzenqualität, der meistverkaufte der Welt. Überdies ist der Chef des Hauses, der bescheidene Aristokrat Mauricio González, einer der nobelsten und freundlichsten Gentlemen des gesamten Weinhandels.
»La Ina« von **Domecq** ist ein weiterer hervorragender Fino.
Valdespino ist erstklassig, und außer ihrem Fino »Inocente« führen sie den guten Amontillado »Tio Diego« und, was ziemlich unüblich ist, einen Pedro Ximenez Solera.
Emilio Lustau produziert mehrere feine, reiche, aber trockene Amontillados und hat sich außerdem auf den Handel mit *Almacenistas* spezialisiert, reifem, unverschnittenem Sherry der Spitzenklasse von kleinen Erzeugern in kleinen Mengen.
Sandemans »Royal Esmeralda« ist ein guter süßer Amontillado. Weitere Sherrys in Spitzenqualität von Sandeman sind »Ambrosante«, ein Palo Cortado, und der üppige Oloroso »Corregidor«.
Croft hat sich mit seiner »Original Pale Cream« auf eine relativ neue Marke konzentriert.

Harvey's ist berühmt für seine »Bristol Cream«. Seltener sind alte Flaschenabfüllungen von »Bristol Milk« und »Bristol Cream« mit Angabe des Abfülljahres. Sie demonstrieren in bewundernswürdiger Weise, wie gut sich zwanzig, ja sogar vierzig Jahre alte Sherrys halten können. Harvey's führt zur Zeit einen »Bristol Cream 1983«.
Weitere Firmen sind **Williams & Humbert** mit ihrem in Shakespeares Tradition so genannten »Dry Sack«, **Garvey** mit »San Patricio«, **de Soto, Bobadilla, Diez-Merito, Wisdom & Warter**. Alle oben erwähnten Firmen haben ihren Sitz in Jerez de la Frontera.

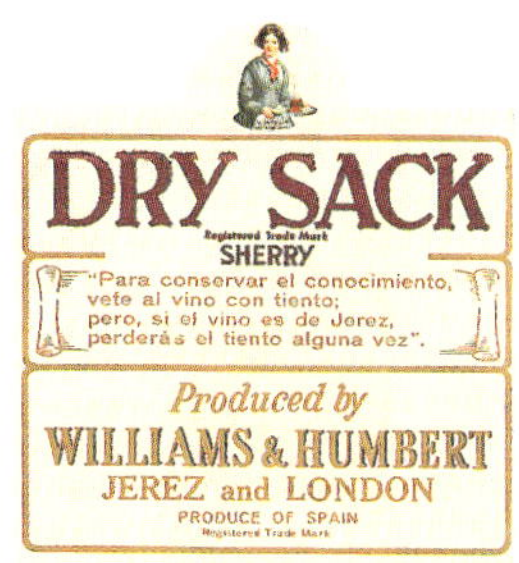

In Puerto Santa Maria sind ansässig: **Osborne**, der **Duff Gordon** übernommen hat und dessen »El Cid« vertreibt, **de Terry** und **Luis Caballero.** In Sanlúcar **Barbadillo, Herederos de Argüeso, Hijos de Rainera Pérez Marin** und **Bodegas de los Infantes de Orleans-Borbón**.
Last but not least, die einzigartigen, unverschnittenen trockenen Jahrgangsolorosos von **Gonzalez** – die ersten beiden, der 1963er und der 1966er tauchten 1986 bei Christie's auf; heute sind sie sehr teuer und nur selten im Fachhandel erhältlich.

Meine Lieblings-Weine

MADEIRA
WEIN DER WELTMEERE

Madeira ist einer der geheimnisvollsten, komplexesten und wundervollsten alkoholverstärkten Weine. Einst unerhört beliebt und noch immer einer der vielseitigsten Weine, hat er manchen Schicksalsschlag erlitten und einen bedauerlichen Niedergang erlebt. Glücklicherweise hat er heute den Kampf um die verlorenen Marktanteile aufgenommen. Dieser Wein verdient ein Comeback.

Er hat so viele Vorzüge und macht so große Freude, dass es mir schwer fällt, mich zu entscheiden, wo ich anfangen soll. Schon oft habe ich ihn »Enduring and endearing« genannt, »beständig und verlockend«: beständig nicht nur wegen seiner langen und recht romantischen Geschichte, sondern weil er, zusammen mit dem ungarischen Tokajer, der langlebigste aller Weine ist; verlockend, weil man ihn mehr und mehr liebt, je öfter man ihn kostet. Dies ist jedenfalls meine Erfahrung, und ich hatte die Ehre und das Glück, in den vergangenen Jahren eine Vielzahl verschiedener Madeiras zu verkosten und zu trinken.

Doch zunächst: Was ist Madeira, und wo kommt er her?

MADEIRA: DIE INSEL UND DER WEIN

Rechte Seite: Abendstimmung im Hafen von Câmara de Lobos an der Südküste der Insel.

Die zu Portugal gehörige Insel Madeira ist vulkanischen Ursprungs und liegt rund 650 km vor der marokkanischen Küste. Einst war sie dicht bewaldet, doch frühe Siedler sollen Feuer für Brandrodungen gelegt haben, die völlig außer Kontrolle gerieten und den an sich schon fruchtbaren Boden mit einer dicken Ascheschicht bedeckten. Obwohl vor über vierhundert Jahren schon Reben angepflanzt worden waren, wurde der Wein, wie wir ihn kennen, erst im 17. und 18. Jahrhundert produziert und – auch er von unternehmungslustigen britischen Kaufleuten – in überraschend großen Mengen auf den Markt gebracht. Zu jener Zeit wurde ihm auch, wie dem Port und dem Sherry, Weinbrand beigefügt, um ihn einerseits für die langen Seereisen haltbarer zu machen und um andererseits den Kun-

Madeira überstand die Strapazen langer Seereisen nicht nur, sondern profitierte vom Rollen und Stampfen des Schiffes und der Hitze unter Deck. Auch heute ist dieser Wein buchstäblich unzerstörbar.

dengeschmack zu treffen und die Nachfrage nach starken, alkoholreichen Getränken mit beständiger Qualität zu befriedigen. Dank seiner Zuverlässigkeit wurde Madeira zum beliebtesten Wein nicht nur Englands, sondern auch der britischen Überseekolonien: in Indien und Hinterindien, in Nordamerika und der Karibik, von den neuenglischen Kolonien an der Ostküste über Virginia, Carolina und Georgia bis hinunter zu den vielen karibischen Inseln und Inselchen in britischem Besitz. Madeira war das tägliche Getränk der Plantagenbesitzer, sowohl als Drink wie zum Essen. Er war auch der Wein, der die britischen Garnisonen von Ostindien bis Westindien labte.

Madeira überstand die Strapazen langer Seereisen nicht nur, sondern profitierte vom Rollen und Stampfen des Schiffes und der Hitze unter Deck. Dies wurde durch einen Zufall entdeckt: Ein

Madeira ist der langlebigste Wein der Welt. Die besten Jahrgänge werden jahrzehntelang im Fass ausgebaut.

Schiff war aus dem Fernen Osten nach Funchal zurückgekehrt, ohne seine Ladung Weinfässer gelöscht zu haben. Es stellte sich heraus, dass Madeira praktisch der einzige Wein war, der die Sommerhitze Indiens und der westindischen Inseln ebenso gut überlebte wie die Feuchtigkeit Nord- und Südcarolinas.

Es ist erstaunlich, wie dieser Wein auch heute noch Hitze und schlechten Lagerbedingungen widersteht. Er ist buchstäblich unzerstörbar! Weshalb?

Ohne auf alle technischen Einzelheiten einzugehen: Das Geheimnis liegt in der eigenartigen, ja einzigartigen Hitzebehandlung während der Vinifikation. Zunächst werden die Trauben gelesen und zur Gärung in die Kellereien gebracht. Trockene Weine entstehen, wenn der Weinbrand wie beim Sherry erst nach der Gärung beigefügt wird, süßere, wenn er wie bei der Portweinherstellung dazu dient, die Gärung abzubrechen, und Restsüße übrigbleibt. Manchmal wird auch Süßwein, *Vinho surdo,* hinzugefügt.

Dann wird der Wein, im Gegensatz zu Port oder Sherry, ja im Unterschied zu jedem anderen Wein, erwärmt und während mehrerer Monate auf einer ständigen Temperatur von ungefähr 50° Celsius gehalten. In dieser Zeit erhält er seinen charakteristischen verbrannten Beigeschmack, er maderisiert. Er hat einen hohen natürlichen Säuregehalt, was zusammen mit der »Feuertaufe« und dem hohen Alkoholgehalt seine einzigartige Fähigkeit ergibt, die Härten jedes denkbaren Klimas zu überleben.

Wie war man auf diese eigentümliche Technik verfallen? Nun, die Antwort fällt nicht schwer: Man versuchte die Bedingungen einer langen Seereise in warmen Gewässern zu imitieren und brachte die Fässer des jungen Weins in den heißesten Teil der Kellerei, auf den Dachboden, direkt unter das Dach. So verfährt man auch heute noch hier und da, auch wenn der größte Teil des Madeira im *Estufa*-System in großen Tanks erwärmt wird. So merkwürdig das Ganze ist, es funktioniert. Besuchen Sie Funchal und überzeugen Sie sich selbst.

Die Insel im Atlantik ist vulkanischen Ursprungs: Bergkulisse beim Pico do Aireiro (1810 m. ü. M.).

EIN BESUCH AUF DER INSEL

Manche machen in Funchal auf einer Kreuzfahrt Halt, die meisten jedoch kommen mit dem Flugzeug an. Letzteres ist eine höchst erschreckende Begegnung mit dieser außerordentlich gebirgigen Insel, denn der Flughafen ist klein und die Landepiste kurz, zwischen einem steilen Abhang und dem Meer eingezwängt. Der Flughafen bei Santa Cruz war einmal einer der gefährlichsten der Welt, doch seit meinem ersten Besuch wurde die einzige Piste verlängert und ragt nun an beiden Enden auf Pfeilern über die Felsen hinaus. Dennoch ist dies eine Destination, für die ich zu einem Linienflug der portugiesischen Luftfahrtsgesellschaft TAP von Lissabon oder Porto aus rate. Die erfahrenen portugiesischen Piloten kennen die Verhältnisse am besten. Und trotzdem war unsere letzte Landung aus mehreren Gründen ein schreckliches Erlebnis: Das Flugzeug wurde in einem schweren Sturm hin und her geworfen und war das letzte, das landen konnte, bevor der Flugplatz für mehrere Tage geschlossen wurde. Aber lassen Sie sich durch so etwas nicht abschrecken. Wenn Sie endlich Grund und Boden unter den Füßen haben und nach einer mühsamen Autofahrt in der Hauptstadt Funchal angekommen sind, werden Sie sich in einem kleinen Paradies wiederfinden: spektakuläre Landschaften, üppige Vegetation und – von gelegentlichen halbtropischen Stürmen und Regenfällen abgesehen – ein ideales Klima das ganze Jahr hindurch. Die Insel ist zwar klein, nur etwa 50 km lang und zwischen Funchal und Ponta de São Jorge 20 km breit, aber die Landschaft verändert sich je nach der Höhe und Windexposition dramatisch. Der höchste Gipfel ist stolze 1862 Meter hoch. Bei unserem letzten Besuch wurden wir zu einer Rundfahrt eingeladen. Zuerst ging es zu den sanften Hügeln im Osten und hinüber nach Norden, zu einigen der besten Weinberge; dann folgten wir der stürmischen nördlichen Steilküste mit ihren gefährlichen Brechern nach Westen in das hübsche, einsame Porto Moniz, darauf ging es in einer höchst aufregenden Fahrt auf der Höhenstraße

Funchal im Spiel von Licht und Schatten, vom Meer aus gesehen.

Linke Seite: Die Straße entlang der wilden Nordküste bei Seixal ist nichts für schwache Nerven.

Es gibt vier Sorten von Wein, jeder wird nach der Traube benannt, aus der er gekeltert wird: Sercial ist der trockenste, Verdelho, mein Liebling, ist ein halbtrockener, bernsteinfarbener Wein. Bual ist von tieferem Bernstein, mit einem schönen Nussgeschmack, Malmsey ist üppig und süß.

entlang dem Gebirgszug, der Norden und Süden der Insel trennt, durch Nebel und etwas, das nach Schnee aussah – es war kalt genug für Hagel – und dann endlich hinunter an die Südküste, die in warmem Sonnenschein dalag. Die Fahrt war haarsträubend. Unser Fahrer, ein Mitarbeiter der Madeira Wine Company, entpuppte sich als Rallye-Sieger der ganzen Insel!

Wenn ich an dieser bezaubernden Insel etwas auszusetzen habe, dann, dass sie heute überlaufen ist: zu viele Touristen – und zu viele Portugiesen, die zurückkehren und ihre hässlichen Häuschen unbesehen zwischen Weinberge und Bananenplantagen bauen. Aber noch einmal: Lassen Sie sich dadurch nicht abschrecken. Madeira ist einzigartig, seine Bewohner sind freundlich und der Wein ist fesselnd und köstlich.

REBEN UND WEINE

Im Madeira Wine Institute in Funchal.

Als ich vor dreißig Jahren zu Christie's kam, um eine neue Abteilung eigens für Wein ins Leben zu rufen, fiel mir auf, dass »Fine old Maderia« [sic] und Bordeaux schon in James Christie's erster Versteigerung ausgerufen worden waren. Das war 1766, zur Blütezeit des Handels mit Madeira, als über fünfzig britische Firmen auf der Insel Handel trieben, von denen einige, z. B. Cossart Gordon, noch heute existieren. Madeira-Händler und ihr Umsatz wuchsen beständig, bis praktisch über Nacht die Reben der Insel durch den von Amerika eingeschleppten Echten Mehltau fast vernichtet wurden. Als nächster Schlag kam die Reblaus. Gleichzeitig zerstörte der Amerikanische Bürgerkrieg den blühenden amerikanischen Markt, und der Niedergang des Madeira war nicht mehr aufzuhalten.

Der Produktionsprozess von Madeira ist zwar kompliziert, aber seine verschiedenen Stile kennen zu lernen und zu genießen ist eine einfache Sache. Es gibt vier Sorten von Wein, jeder wird nach der Traube benannt, aus der er gekeltert wird. Sercial ist der trockenste und wird aus Trauben (angeblich Riesling-Abkömmlingen) gewonnen, die in den höchsten Lagen wachsen. Er hat die Farbe eines Sherry Fino, aber ein reicheres Aroma mit etwas spit-

zigem Oberton. Warnung: Sehr alter Sercial kann extrem scharf und sauer sein. Verdelho, mein Liebling, ist ein halbtrockener, bernsteinfarbener Wein, ebenfalls recht reich und ein wenig spitzig. Ein ausgezeichneter Wein für ein spätes Vormittags-Gläschen, besonders in der kalten Jahreszeit. Für mich der ideale Wein, um Besuchern anzubieten, viel origineller und gastfreundlicher als Kaffee. Es folgt in der Süße Bual oder Boal, von tieferem Bernstein, mit einem schönen Nussgeschmack, ziemlich süß am Gaumen, reich und an Schokolade erinnernd. Schließlich Malmsey oder Malvoisie. Diese üppigeren Trauben wachsen in Meeresnähe. Ihre Weine sind die süßesten: von tiefem Bernsteinbraun, fast toffee-artiger Nase, am Gaumen sehr süß, mit einer Art angesengtem, karamelisiertem Traubengeschmack und angenehm ausgleichender Säure.

All diese Traubensorten sind weiß, der Wein sollte also kühl serviert werden, der trockenste eiskalt. Ich bewahre meinen Verdelho im Kühlschrank neben der Milch auf! Der einzigartige Vorteil von Madeira ist, dass die Flasche, einmal geöffnet, sich praktisch ewig ohne weitere Oxidation hält. Lassen Sie die Flasche im Kühlschrank stehen – und bedienen Sie sich. Aber denken Sie daran, dass der Alkoholgehalt bei 16 bis 20 Prozent liegt. Bevor wir das Thema Traubensorten abschließen: Die süße Moscato-Traube wird ebenfalls angepflanzt, dazu zwei viel seltenere Sorten – Terrantez und Bastardo, die als spätreife Sorten beide im Ruf stehen, heikel zu sein, aber herausragende Weine ergeben können – tatsächlich stammten einige der größten, die ich je verkostet habe, von den letztgenannten. Ihr Gegenstück ist die Tinta Negra Mole, eine weniger heikle, ertragreichere Sorte, die sich dank ihrer Anpassungsfähigkeit einmal über die ganze Insel auszubreiten drohte. Man sagte ihr nach, das sie sich chamäleonartig anpasse und den Stil der edlen Sorten kopiere, je nachdem, auf welcher Höhe man sie anpflanze, und nach der Geschicklichkeit des Kellermeisters. Dank der EU-Vorschriften sind diese »Klassikerkopien« der Tinta Negra Mole am Verschwinden.

Die Reben werden auf vielen winzigen Terrassen angebaut. Sie müssen sich den knappen Platz oft mit Bananenstauden teilen, und das Meer ist nie weit.

Kontraste voller Harmonie: schroffe Felsklippen und die Weite des Atlantiks bei Ponta de São Lourenço am östlichen Kap der Insel.

Wenn ich auf einer einsamen Insel ausgesetzt würde und nur einen Wein mitnehmen dürfte, dann wäre es ein alter Madeira, am liebsten Terrantez von H. M. Borges, 1862 oder 1846. Vernünftigerweise nähme ich den 1846er, von dem ich nur noch eine Flasche besitze!

DIE ALTEN UND DIE GROSSEN MADEIRAS

Lassen Sie mich laut und deutlich verkünden: Von den vielen großen Weinen, die ich im Laufe meines Lebens verkosten und bewundern durfte, war alter Madeira der beständigste in Qualität und Eindruck. Ja, wenn ich auf einer einsamen Insel ausgesetzt würde und nur einen Wein mitnehmen dürfte, dann wäre es ein alter Madeira, am liebsten Terrantez von H. M. Borges, Jahrgang 1862 oder 1846. Vernünftigerweise nähme ich den 1846er, von dem ich nur noch eine Flasche besitze! Doch beide sind so großartig, dass sie jeglicher Beschreibung spotten. Ich will es dennoch versuchen: Der 1846er, 1900 abgefüllt, ist von reichem, leicht orange schimmerndem Bernstein, das, wenn man es gegen das Licht hält, die Schönheit eines Edelsteins in einem bunten Glasfenster hat. Das Bukett ist intensiv, reich, mit einem Spritzer Limone; ein erstaunlich kraftvoller Wein, konzentriert, mit großer Länge und belebender Säure. Der 1862er, den ich auch bei mehreren Gelegenheiten verkostet habe, ist nicht

Eine Auswahl klassischer Sorten und alter Jahrgänge bei Pereira d'Oliveira in Funchal.

unähnlich; ich notierte einen schönen limonengrünen Rand um die tiefe Bernsteinfarbe; ein fast überwältigendes Bukett, spitzig, Karamel und Honig, mit hochgetöntem Duft nach kandierten Veilchen, immer noch ziemlich süß, vereint Kraft und Delikatesse, Intensität und Duftigkeit. Öffnen Sie so eine Flasche, und der ganze Raum ist von ihrem Duft erfüllt.

JAHRGÄNGE UND SOLERA

Offen gestanden, die Unterscheidung zwischen »Jahrgangs«- und »Solera«-Madeira ist nicht ganz einfach. Theoretisch ist ein echter Jahrgangs-Madeira ein Wein aus dem angegebenen Jahr, im Fass gereift, bis er auf Flaschen gezogen wurde, während eine »Solera«, Malmsey Solera 1863 von Blandy beispielsweise, aus Wein besteht, der sich ursprünglich aus Wein des Jahrgangs 1863 zusammensetzt, der in ein Fass abgefüllt wurde und von Zeit zu Zeit nachgefüllt wurde, wenn der ursprüngliche Wein teilweise in Flaschen abgefüllt wurde. Nur selten verbringt alter

Lassen Sie sich durch mein Gerede von den großen und alten Weinen nicht entmutigen. Einige sehr gute Weine werden als fünf- oder zehnjährige Verschnitte auf den Markt gebracht. Besonders die letzteren schmecken ausgezeichnet und *sind ihr Geld wert.*

Madeira sein ganzes Leben im Fass, weil der Wein schließlich etwas austrocknet und einen hölzernen Geschmack bekommt. Deshalb werden die meisten nach ausreichender Reifung auf Holz in 20-l-Glasballons umgefüllt, wo sie bis zur endgültigen Flaschenabfüllung ruhen. Die letzte 1863er Solera Malmsey, die ich verkostete, hatte 68 Jahre im Fass gelegen, war dann umgefüllt worden und 1988 auf Flaschen gezogen worden.
Meiner Erfahrung nach kann man sich auf die Jahrgangs-Madeiras und alten Soleras fast immer verlassen. Aber Alter ist hinwiederum nicht notwendigerweise die Voraussetzung für einen wunderbaren Wein. Ich habe 1954er verkostet, die besser schmeckten als 1898er, und ein 1920er (Malmsey von Cossart) war schöner als einer, der ein Jahrhundert älter war.

NÜTZLICHER HINWEIS

Lassen Sie sich durch mein Gerede von den großen und alten Weinen nicht entmutigen. Einige wirklich sehr gute Weine werden von den führenden Händlern als fünf- oder zehnjährige Verschnitte auf den Markt gebracht. Besonders die letzteren schmecken ausgezeichnet *und* sind ihr Geld wert.
Sercial ist im allgemeinen weniger trocken als ein Sherry Fino, eher wie ein weißer Portwein. Servieren sie ihn als Aperitif eiskalt. Verdelho, den es von halbtrocken bis leicht süß gibt, finde ich am vielseitigsten und biete ihn wie schon gesagt, Besuchern am späteren Vormittag an – gegenwärtig ist es der Zehnjährige von Cossart Gordon. Beim jährlichen Bankett des Lord Mayor von London war es Tradition, Schildkrötensuppe mit einem Madeira Verdelho zu servieren – auf die selbstverständlich »Roast beef of old England« folgte. Der halbsüße Bual ist ein reicher, geschmacksintensiver Drink für jede Tageszeit. Ich biete ihn Besuchern am Nachmittag an – so viel besser als Tee! Wieder ist Cossarts Zehnjähriger exzellent. Malmsey ist immer süß, der perfekte Dessertwein, köstlich zu Nüssen und Weintrauben, und einer der wenigen Weine, die sogar von einem Schokoladenkuchen nicht erschlagen werden.

Meine Lieblings-Weine

Meine größten Madeiras: Der geschichtsträchtige 1792er von **Blandy's**: Ein Fass begleitete Napoleon 1815 auf der *HMS Northumberland* in die Verbannung nach St. Helena, wurde 1821 unangestochen nach Funchal zurücktransportiert und 1840 auf Flaschen gezogen. Malmsey 1808 von **Cossart Gordon**; Malmsey 1830 von **Henriques**, 105 Jahre im Fass, 1988 auf Flaschen gezogen; Terrantez 1834 von **Barbeito**; Malmsey 1836, Bual 1837 und Verdelho 1839 von **Acciaioly**; Terrantez 1846 und 1862 von **Borges**; Verdelho 1879 von **Casa Torre Bella**; Malvasia 1906 von **Leacock**; Boal 1907 von **Blandy's**; Malmsey 1920 und 1926 von **Cossart**. Aber es gibt auch noch viele andere und, dies ist die beste Nachricht, noch immer werden Spitzenweine erzeugt und reifen als Genuss für kommende Generationen!

Führende Firmen und Marken: Nach dem Zusammenbruch des Madeirahandels in der zweiten Hälfte des 19. Jahrhunderts vereinigten sich einige der alten Häuser in britischem Besitz unter dem Schirm der Madeira Wine Association. Die **Madeira Wine Company**, wie sie heute heißt, umfasst die zwei größten Firmen, **Blandy's** und **Cossart Gordon**, ist aber auch im Besitz von dreißig weiteren Firmen und Markennamen. Die bekanntesten darunter sind **Leacock**, **Krohn**, **Rutherford & Miles** und **Welsh**. Die Familie Blandy ist immer noch einflussreich, obwohl die MWC von der Portwein-Gruppe Symington übernommen worden ist.

Die bekanntesten unabhängigen Firmen sind **Henriques & Henriques**, **Justino Henriques**, **Vinhos Barbeito**, **H. M. Borges Sucrs.** und **Pereira d'Oliveira**.

NACHWORT

DIE WEINE DER »NEUEN WELT«

Die etwas allzu stark vereinfachende, schlagwortartige Bezeichnung »New World Wines«, »Weine der Neuen Welt«, bezog sich ursprünglich auf Gewächse aus Kalifornien, wurde aber bald auf Australien und in jüngerer Zeit auch auf Neuseeland, Chile und weitere Länder in Übersee ausgedehnt. Wann die kalifornischen Rot- und Weißweine zum ersten Mal als ernsthafte Konkurrenten wahrgenommen wurden, lässt sich genau sagen: 1976 schlugen sie ihre klassischen französischen Rivalen an einer Blindverkostung in Paris vor einer international renommierten Jury. Erschreckt wurden die Franzosen gewahr, dass auch anderswo Weine von allerhöchster Qualität erzeugt wurden! Kurz danach war dann Australiens große Stunde gekommen.

Bald stieß auch Neuseeland, einst hauptsächlich bekannt für den Export von Lammfleisch und Butter, mit erfolgreichem und beliebtem Sauvignon Blanc und Chardonnay zum Team der »New World Wines«, gefolgt von Chile und Argentinien.

Die Weine aus Südafrika wurden trotz ihrer großen qualitativen Fortschritte in den siebziger und achtziger Jahren im Zuge des weltweiten politischen Drucks gegen die Apartheidpolitik weitgehend ignoriert; doch konnte Südafrika hinsichtlich Wein ohnehin kaum als »Neue Welt« gelten, waren doch am Kap der Guten Hoffnung bereits Ende des 17. Jahrhunderts von holländischen Siedlern Reben angepflanzt worden. Der Wein von Constantia, dem berühmtesten Rebgut, war schon wenige Jahrzehnte später sehr begehrt und erzielte Höchstpreise.

Historisch betrachtet sind nicht einmal die Weine aus Nord- und Südamerika besonders »neu«: Die Conquistadores, die spanischen Eroberer der Neuen Welt, begannen sogar noch vor den Kap-Buren damit, Weinberge anzulegen. Sie gründeten im ganzen Gebiet des heutigen Kalifornien Missionsstationen; eine der nördlichsten nannten sie San Francisco – das heute inmitten der kalifornischen Anbaugebiete liegt.

Das Schlagwort »New World Wines« ist so gesehen meiner Meinung nach ein alter Hut. Hingegen ist der Einfluss der neuen Weingebiete groß. Erfahrene Önologen aus Europa halfen dabei, die geeignetsten und wichtigsten Rebsorten auszuwählen und die Vinifikationstechniken zu verbessern, was seinerseits wieder die Praxis in der Alten Welt beeinflusste. Tatsächlich reisen heute junge, bestens ausgebildete und kompetente Weinmacher von der Südhalbkugel nach Norden, um sogar den Franzosen etwas beizubringen. Persönlich stand ich dem Ganzen eher skeptisch gegenüber, lernte dann aber bei einem Diner auf einem Château in Entre-deux-Mers zufällig einen begabten, jungen australischen Weinmacher kennen, der jeden Sommer und Herbst nach Bordeaux kommt, um Ratschläge zu geben und den Wein einer großen Kooperative zu keltern. Ich staunte, dass einhundert Mitglieder der Kooperative, darunter einige ältere und vermutlich erfahrene Winzer, auf die Anweisungen dieses jungen Mannes hörten und ihm die volle Verantwortung übertragen hatten. Seine Verbindung von jugendlichem Charme und großem Können half anfängliche Widerstände zu überwinden – und die Weine, die er aus ihren Trauben gewann, waren sehr viel besser.

Selbstverständlich ist die Weitergabe von Know-how heute keine Einbahnstraße: Berühmte Weinmacher wie Paul Pontallier von Château Margaux oder Patrick Leon von Mouton-Rothschild arbeiten als Berater und erzeugen Weine in Chile oder Kalifornien, in der Tradition des verehrten, weitgereisten Professor Peynaud. Und dann gibt es die *Joint ventures*, beispielsweise zwischen Robert Mondavi und dem verstorbenen Baron Philippe de Rothschild im Napa Valley oder seit kurzem zwischen Mondavi und der Familie Frescobaldi in der Toskana.

All dies geschieht letztlich zum Vorteil der Konsumentinnen und Konsumenten, denn der Weinmarkt, einst eng begrenzt und nur den Wohlhabenden und Gutinformierten zugänglich, ist heutzutage wahrhaft global. Wir sollten diese Entwicklung begrüßen, denn schließlich ist Wein das kultivierteste aller Getränke und, mit Maß genossen, erst noch gut für die Gesundheit!

Im FALKEN Verlag sind zahlreiche Titel zum Thema „Wein" erschienen. Sie erhalten Sie überall dort, wo es Bücher gibt.

Dieses Buch wurde auf chlorfrei gebleichtem und säurefreiem Papier gedruckt.

Der Text dieses Buches entspricht den Regeln der neuen deutschen Rechtschreibung.

Michael Broadbents Weinnotizen wurden mit freundlicher Genehmigung des Verlages zitiert aus: Michael Broadbent, Broadbents Weinnotizen, Hallwag AG, Bern, 1994, Übersetzung von Hanspeter Reichmuth.

Wir danken für die freundliche Unterstützung durch Vinum, das internationale Weinmagazin, und dessen Herausgeber Rolf Kriesi.

ISBN 3 8068 7364

Umschlaggestaltung: Rincón², Design & Produktion GmbH, Köln
Gestaltung: Horst Bachmann
Übersetzung und fachliche Beratung: Ulrich Schweizer, Zürich
Redaktion: Barbara Fleig
Herstellung: Bruno Meier, BDR Graphic Design AG, Zürich
Umschlagfoto: TLC-Foto-Studio GmbH, Velen-Ramsdorf
Weitere Fotos im Innenteil: Bildagentur Huber, Garmisch-Partenkirchen: S. 8/9 F. Damm; S. 71 Simeone; S. 46 R. Schmid; **Confrerie des Chevaliers du Tastevin**, Nuits-Saint-Georges: S. 45; **Robert Dieth**, Stadecken: S. 122/123, 125, 128/129, 130/131, 134/135, 138/39, 141, 143, 145, 148, 149, 151; **Armin Faber**, Düsseldorf: S. 154/155, 160, 178/179, 206, 208, 210, 214, 218/219, 221; **Heinz Hebeisen**, Madrid: S. 181, 182/183, 184, 186/187, 189, 190, 191, 195, 196, 197, 198, 199, 200, 201, 202, 203, 204, 205; **Adriano Heitmann**, Stabio: S. 103, 114/115; **Karlheinz Raach/Bildagentur LOOK**, München: S. 209, 211, 212, 215, 216/217; **Ulli Seer/Bildagentur LOOK**, München: S. 213; **Hans-Peter Siffert**, Zürich: S. 44, 102, 137, 161, 169; alle übrigen Fotos: **Archiv VINUM**, Zürich

Gesamtkonzeption: FALKEN Verlag, D-65527 Niedernhausen/Ts.

817 2635 4453 6271